This Book Belongs to:

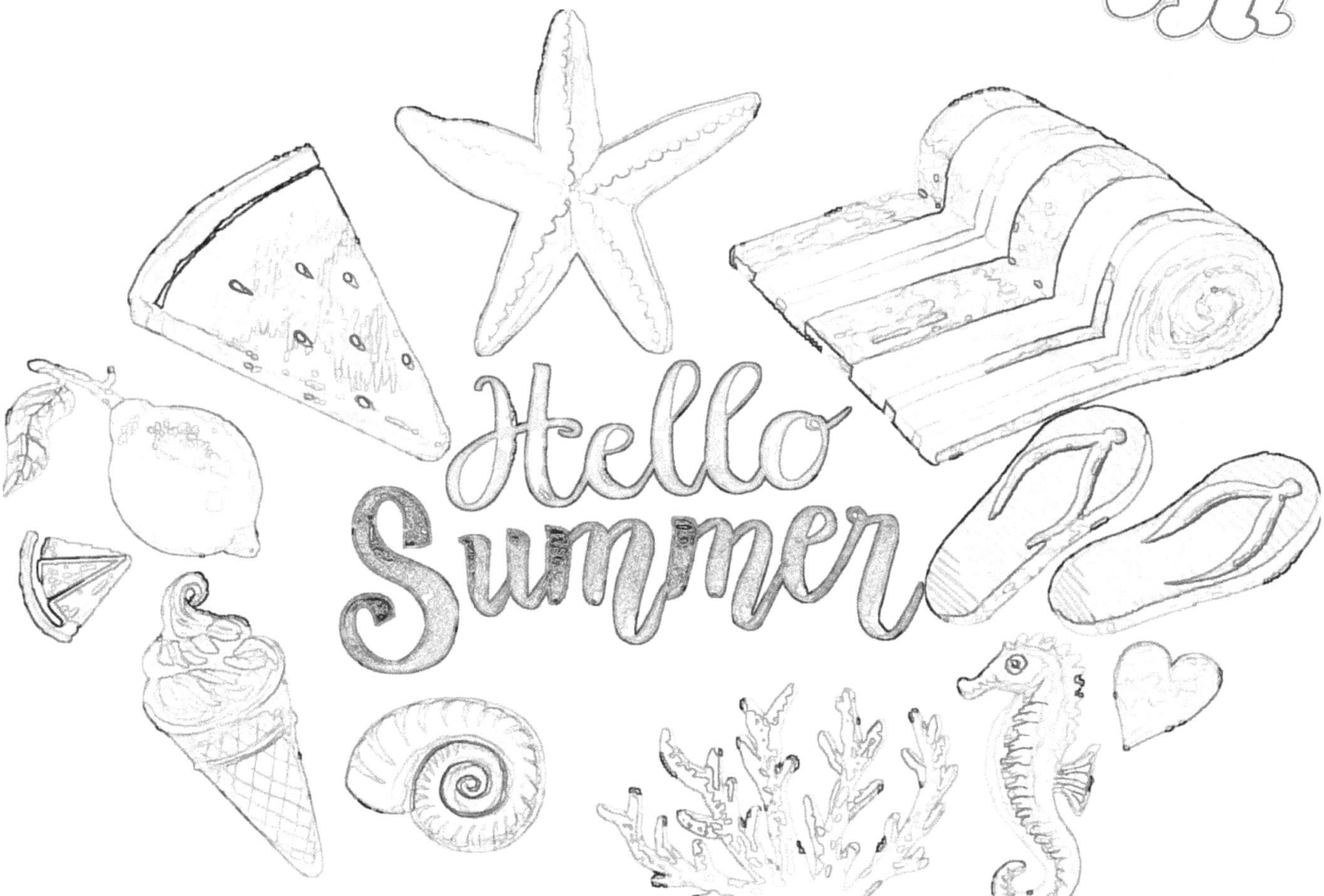

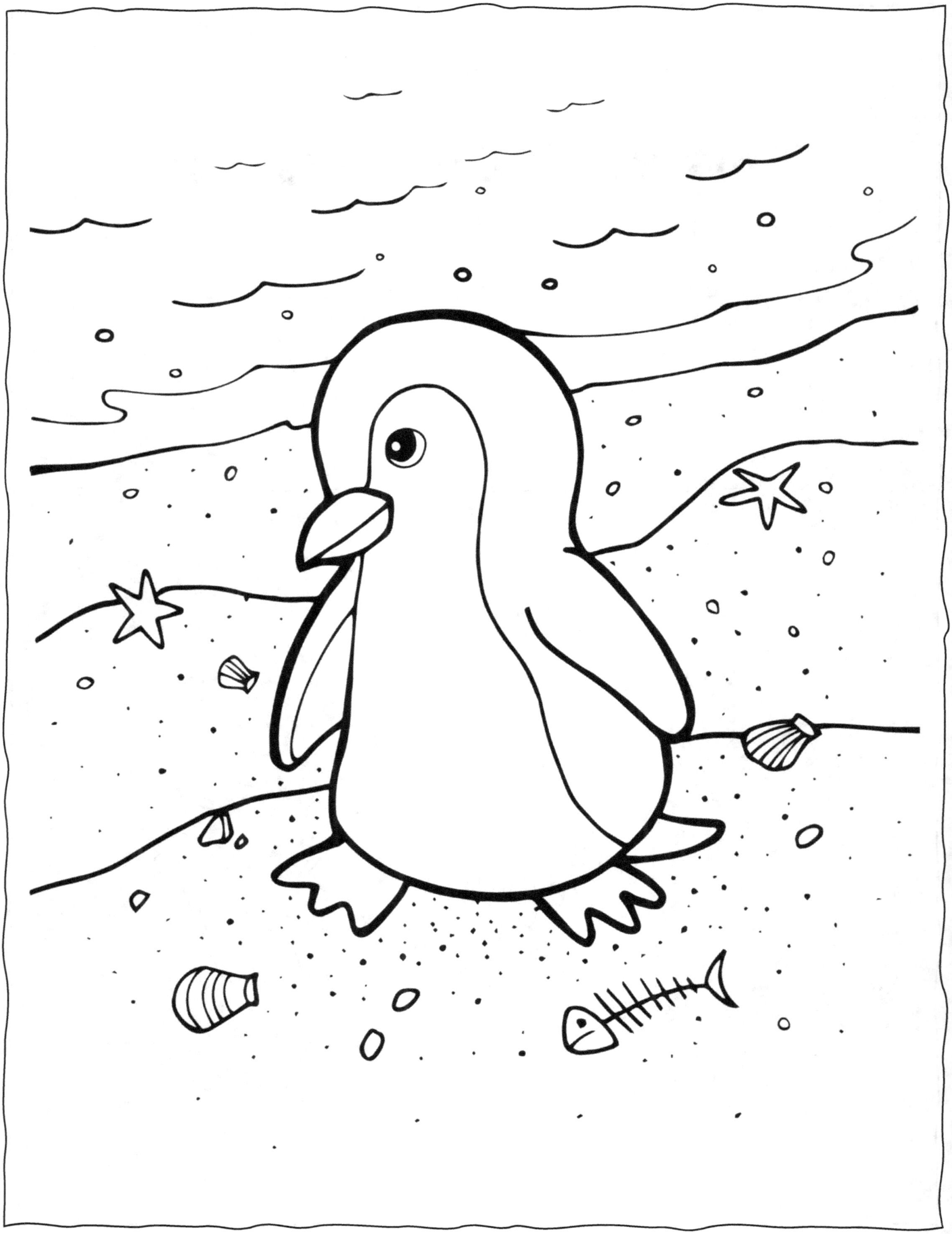

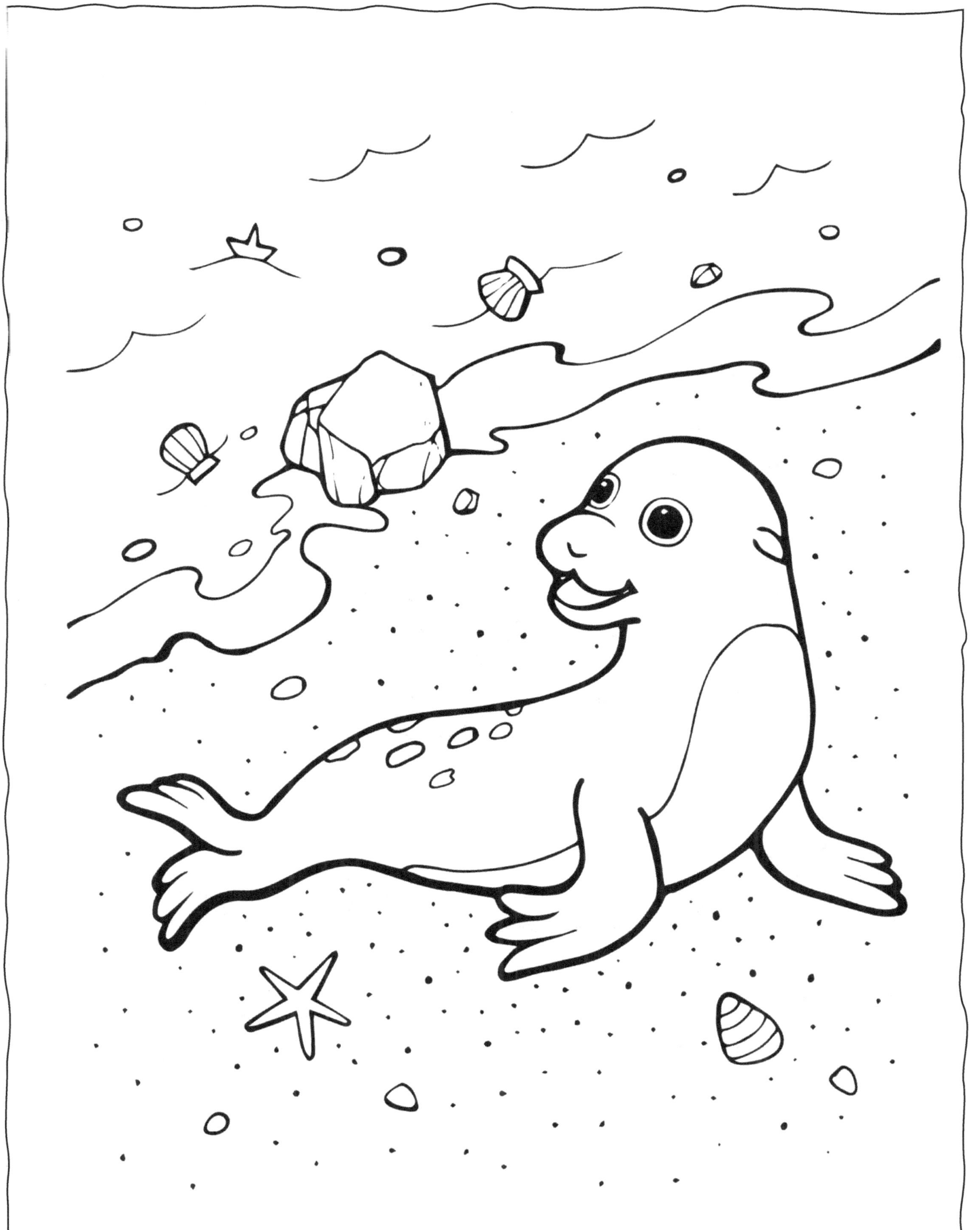

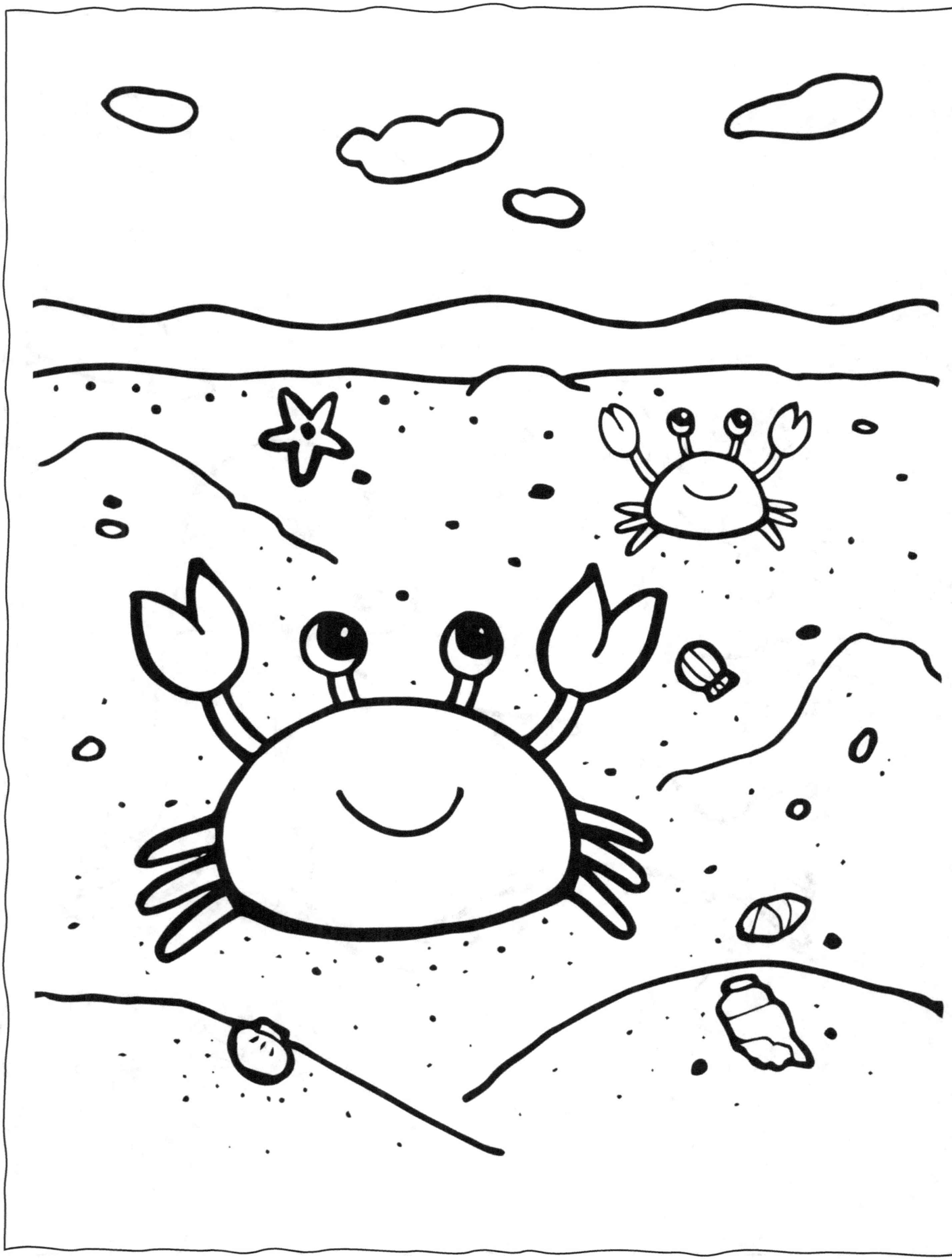

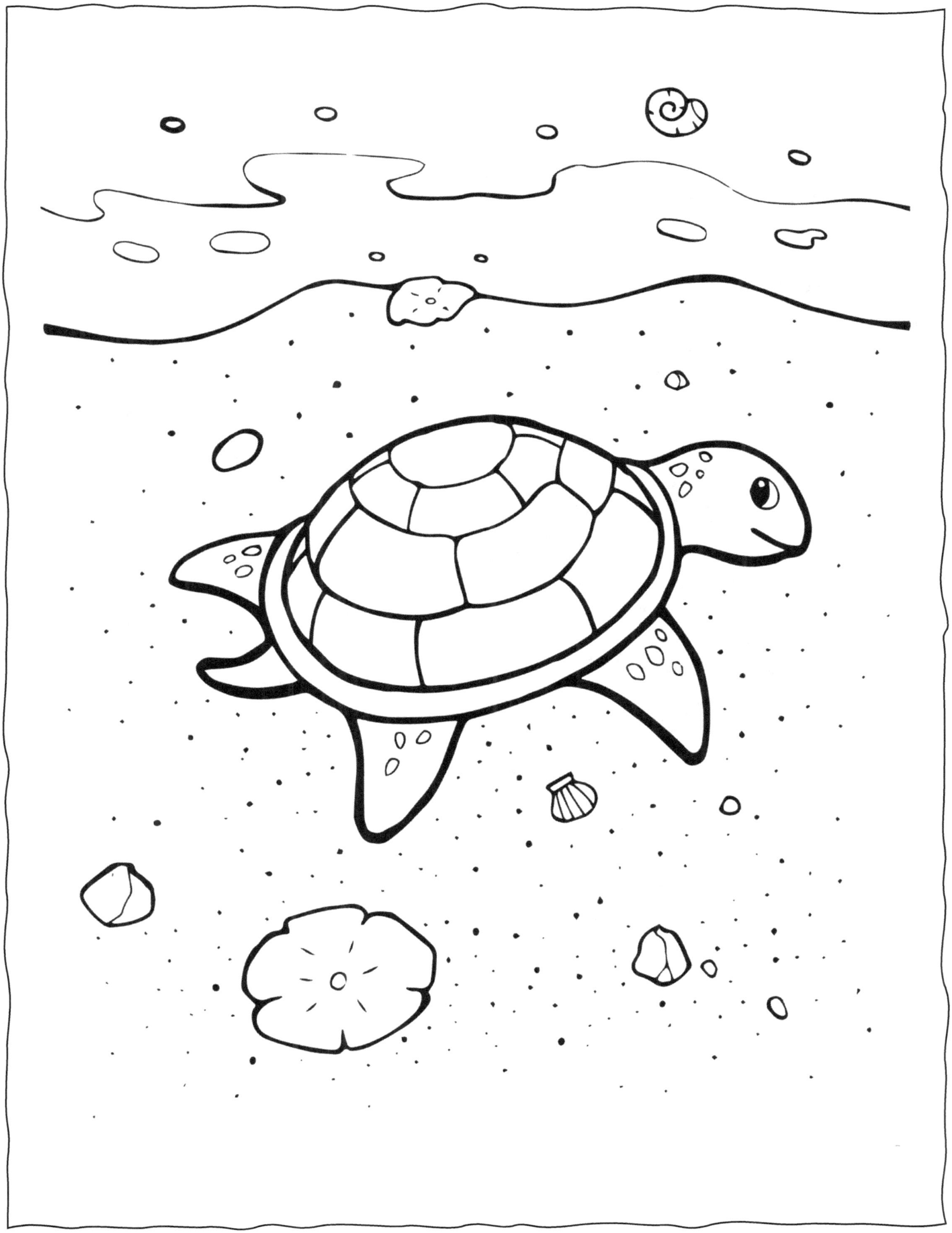

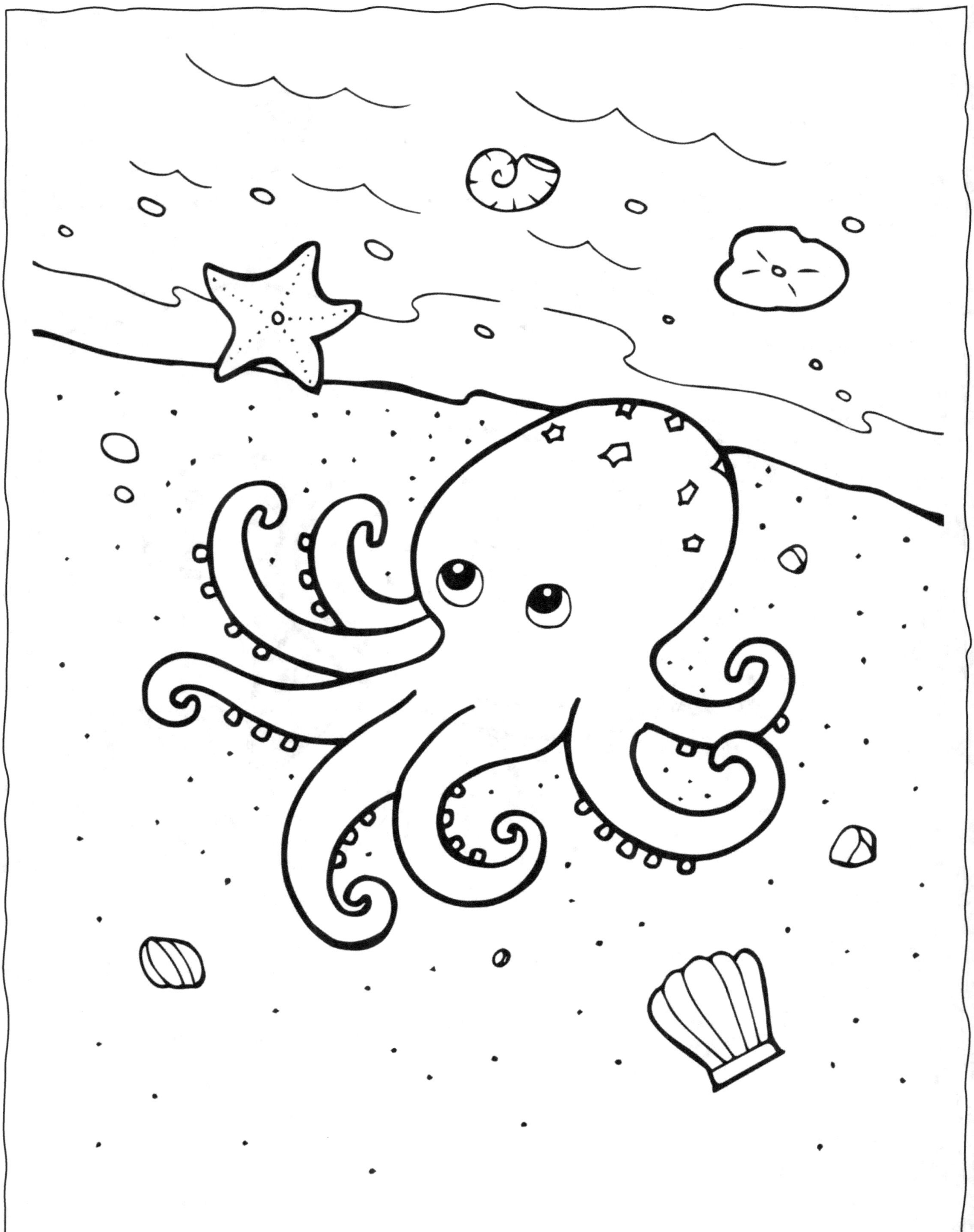

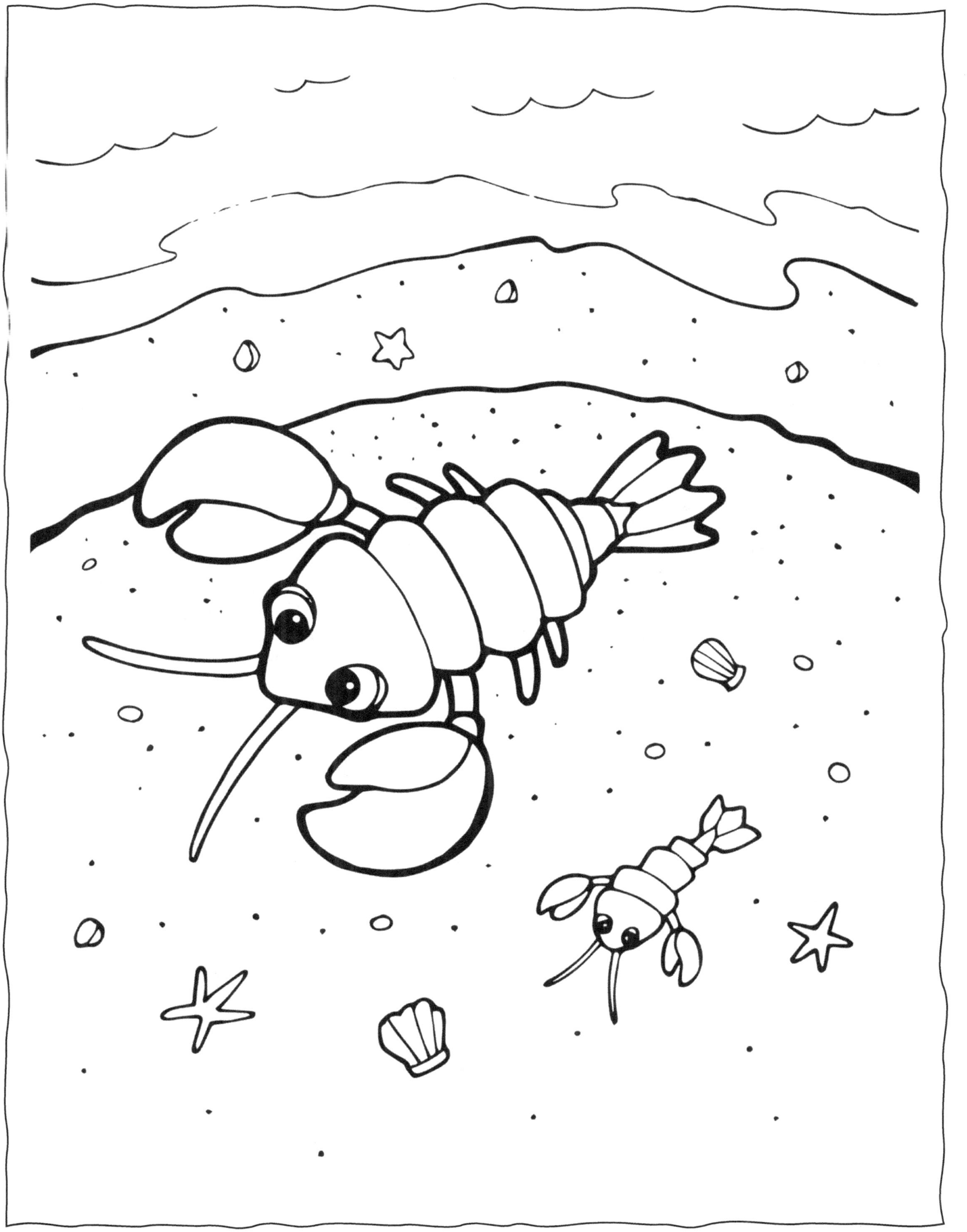

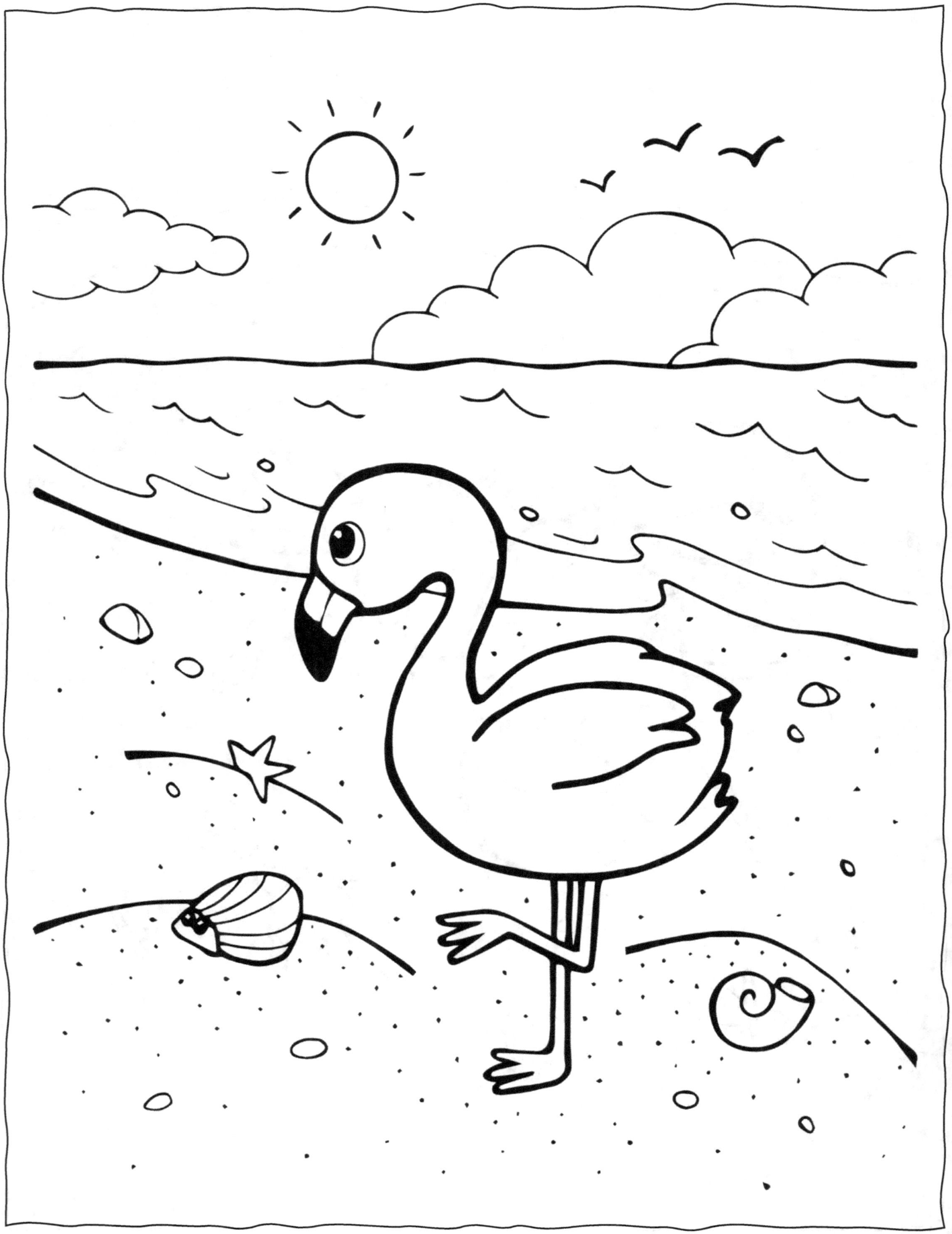

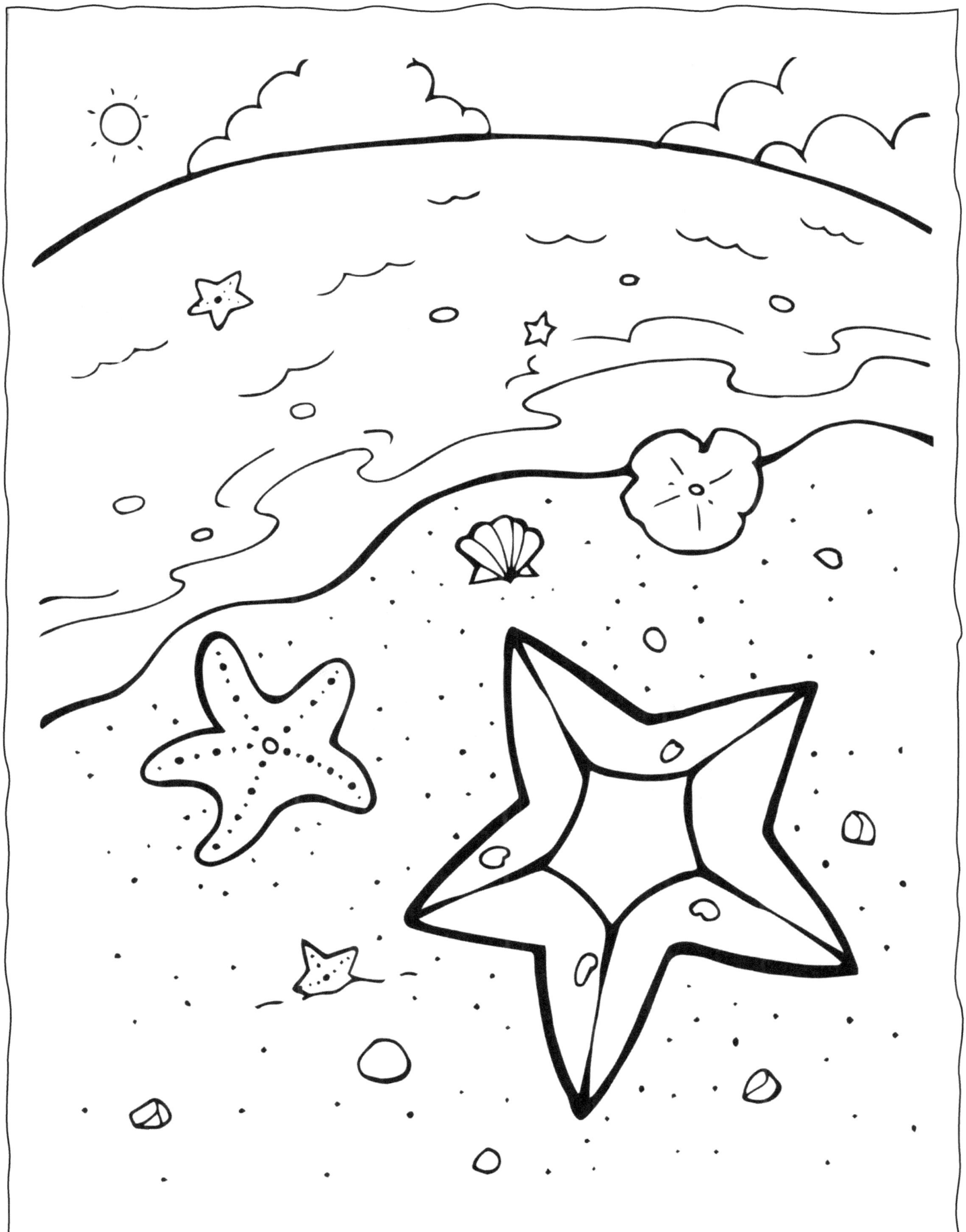

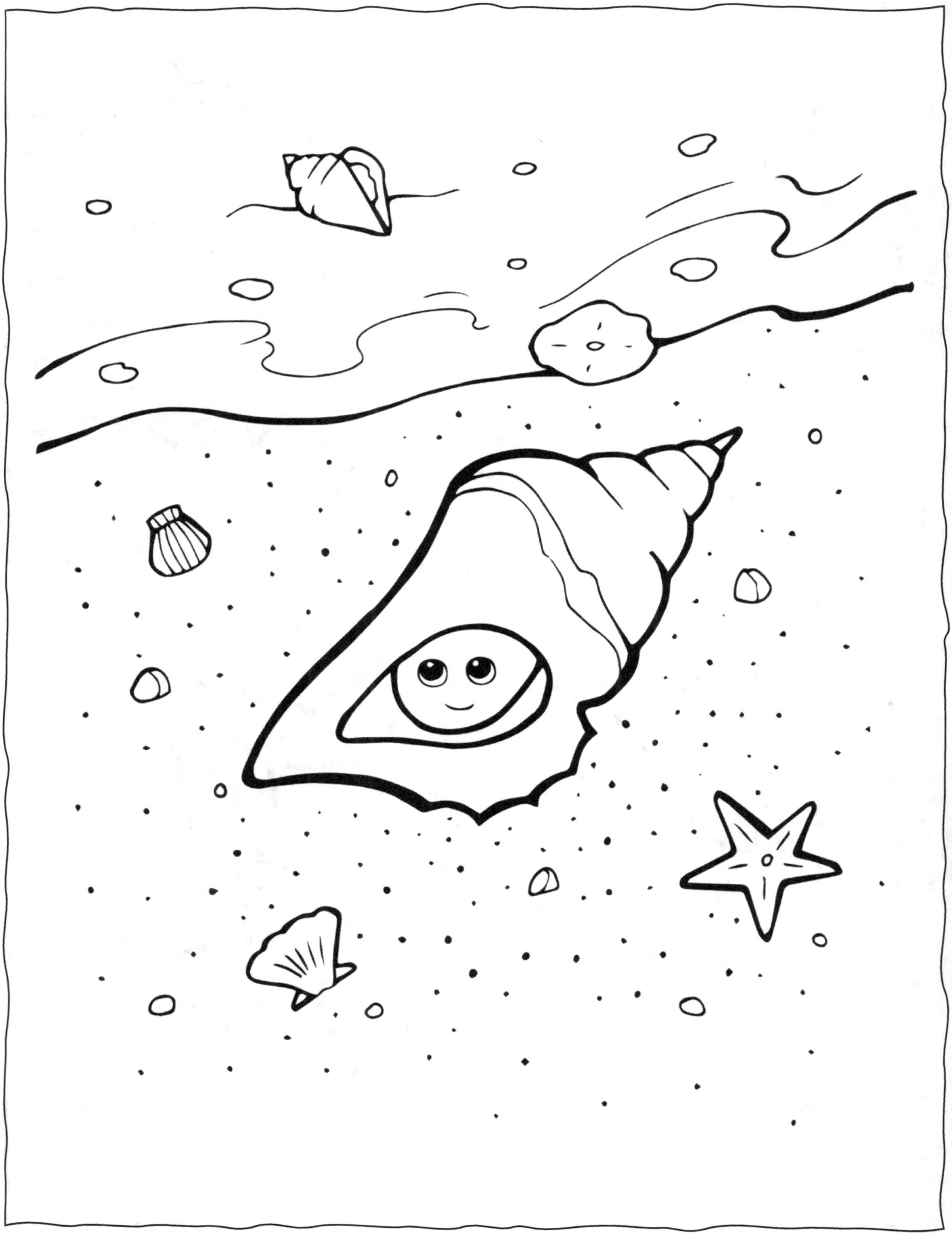

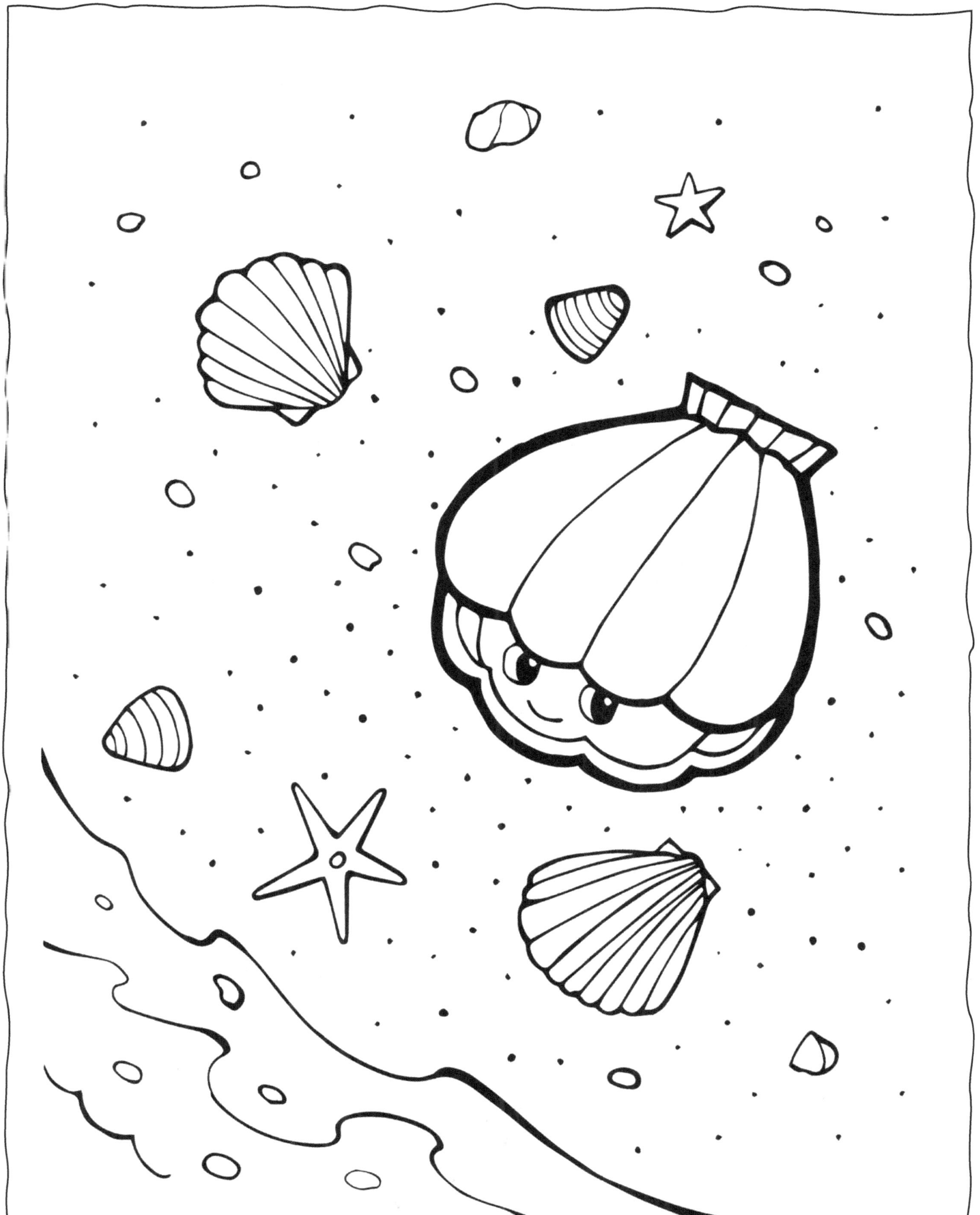

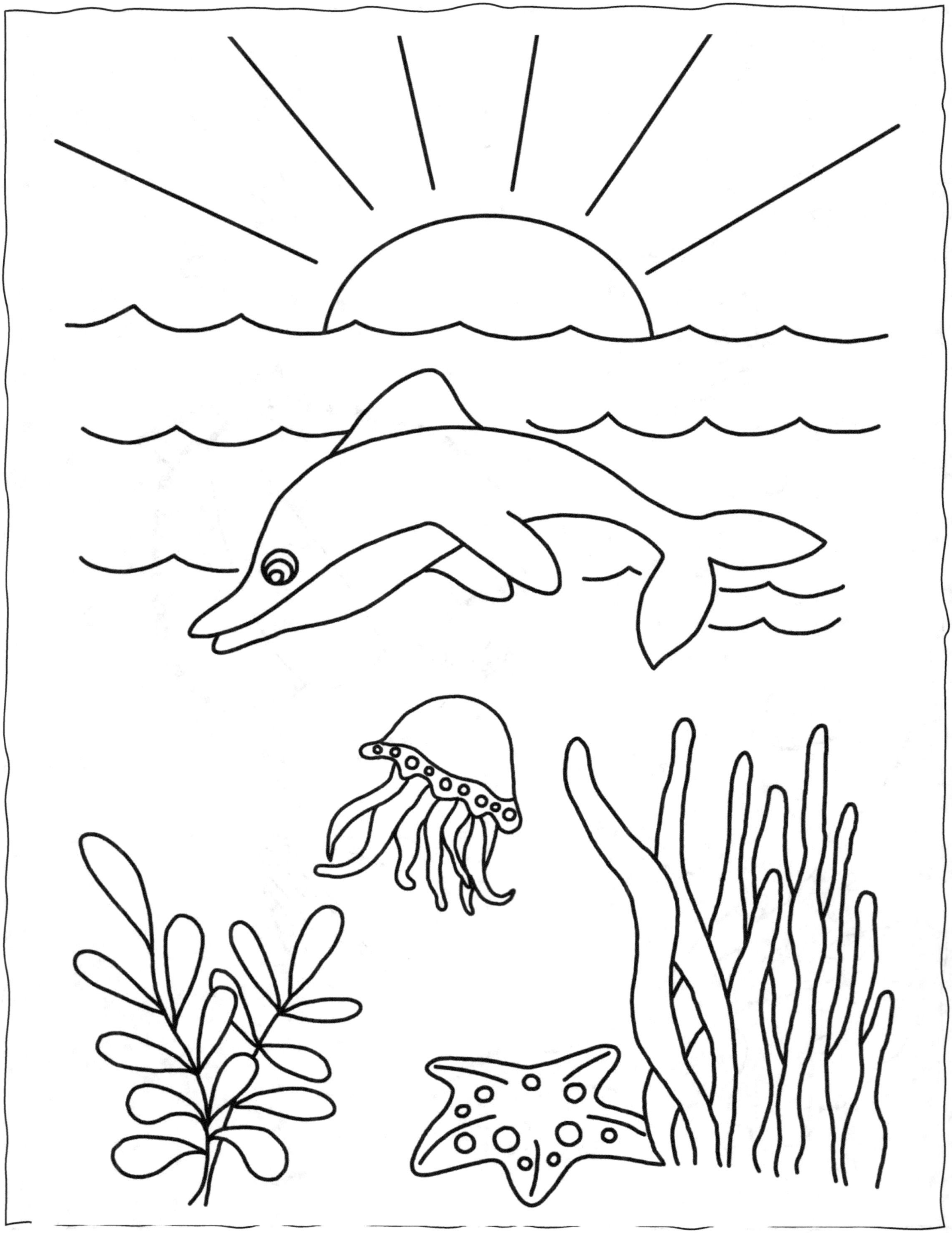

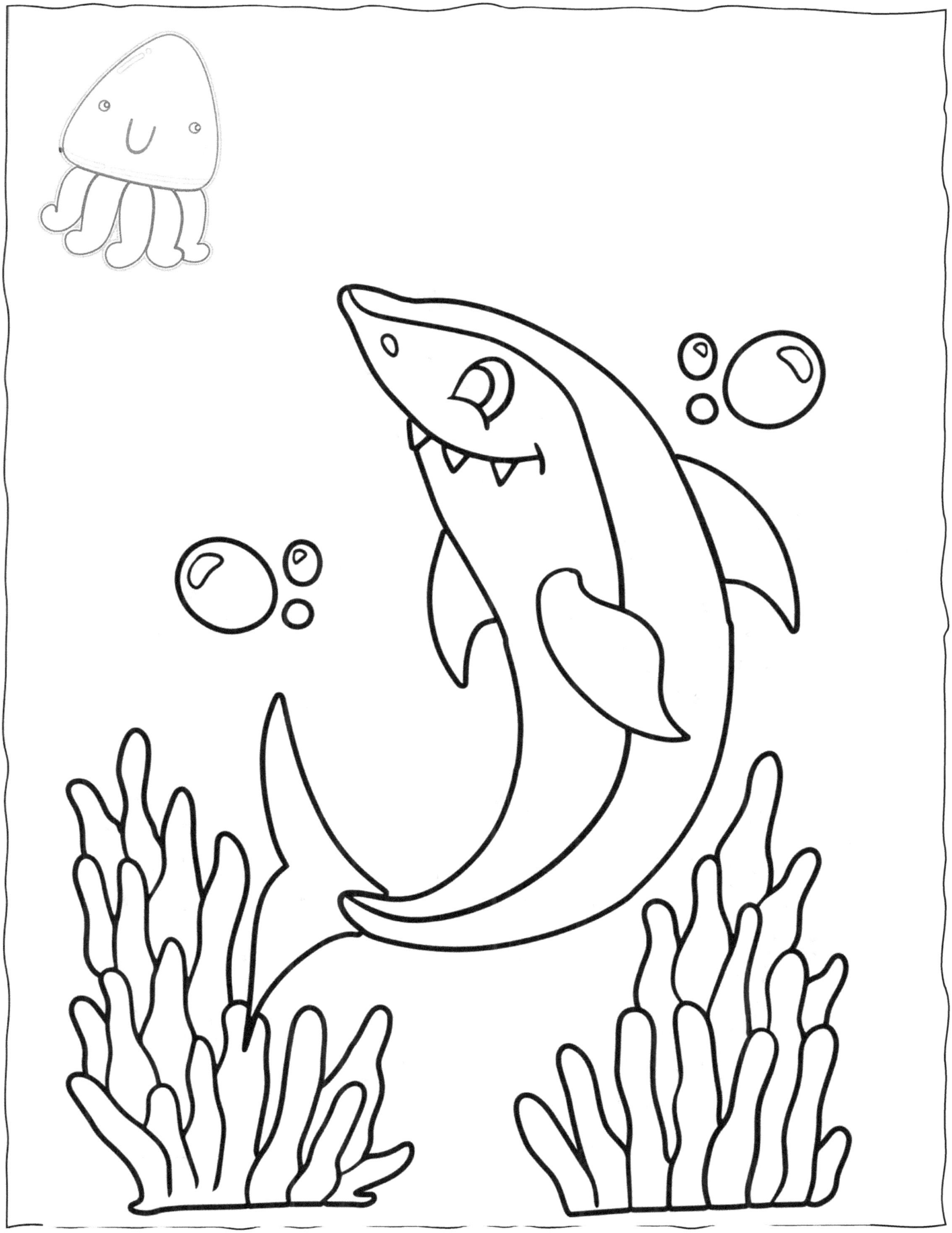

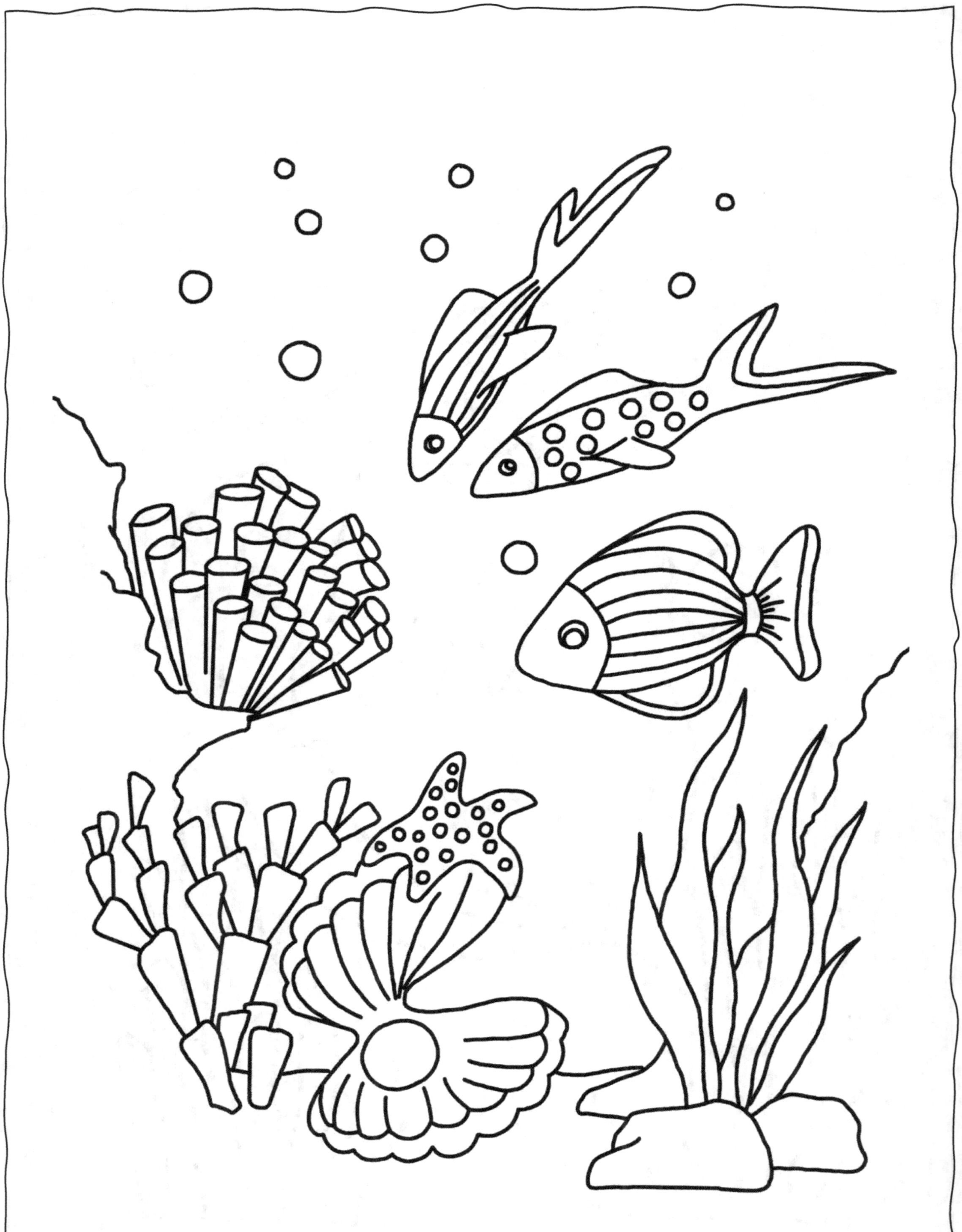

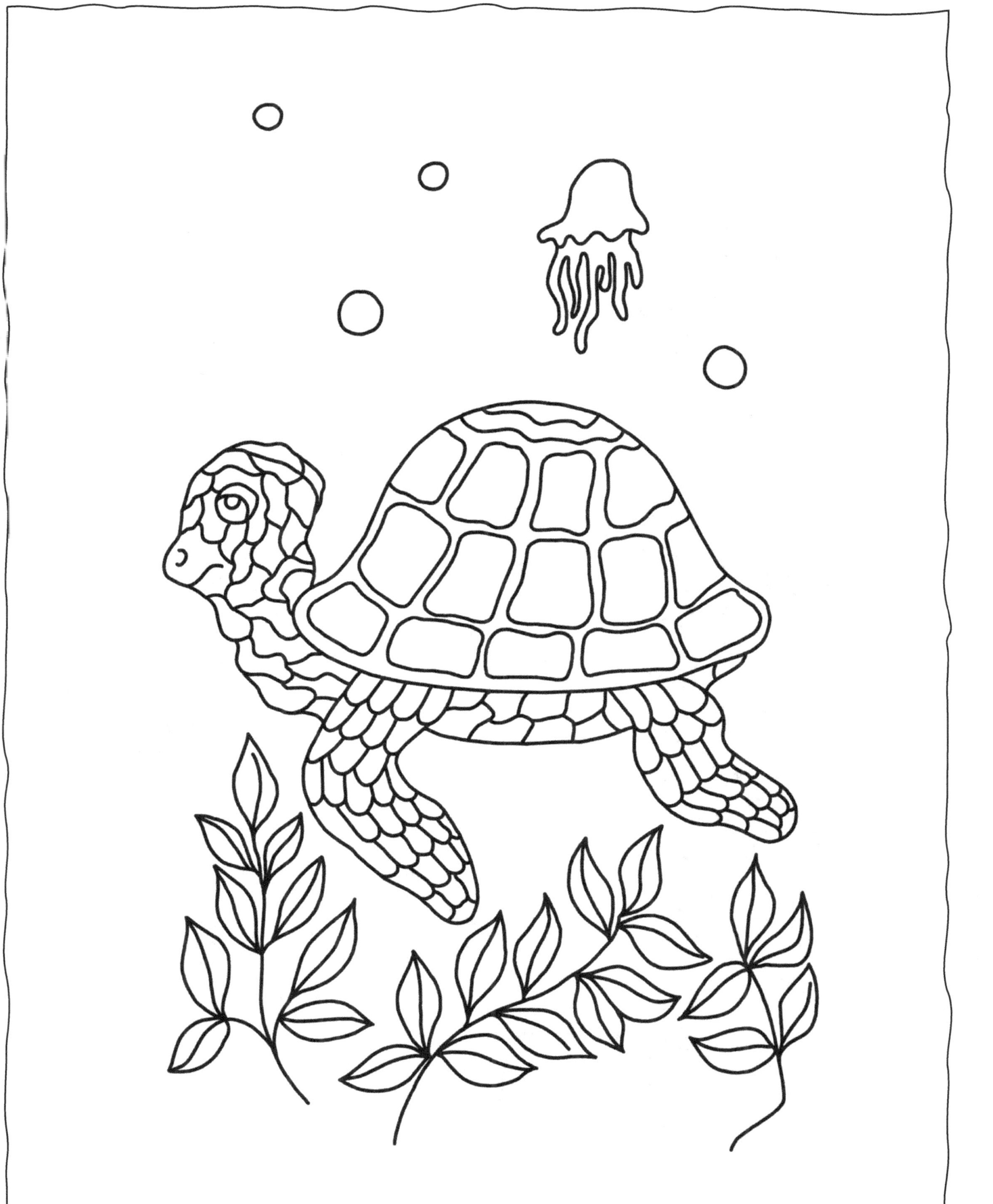

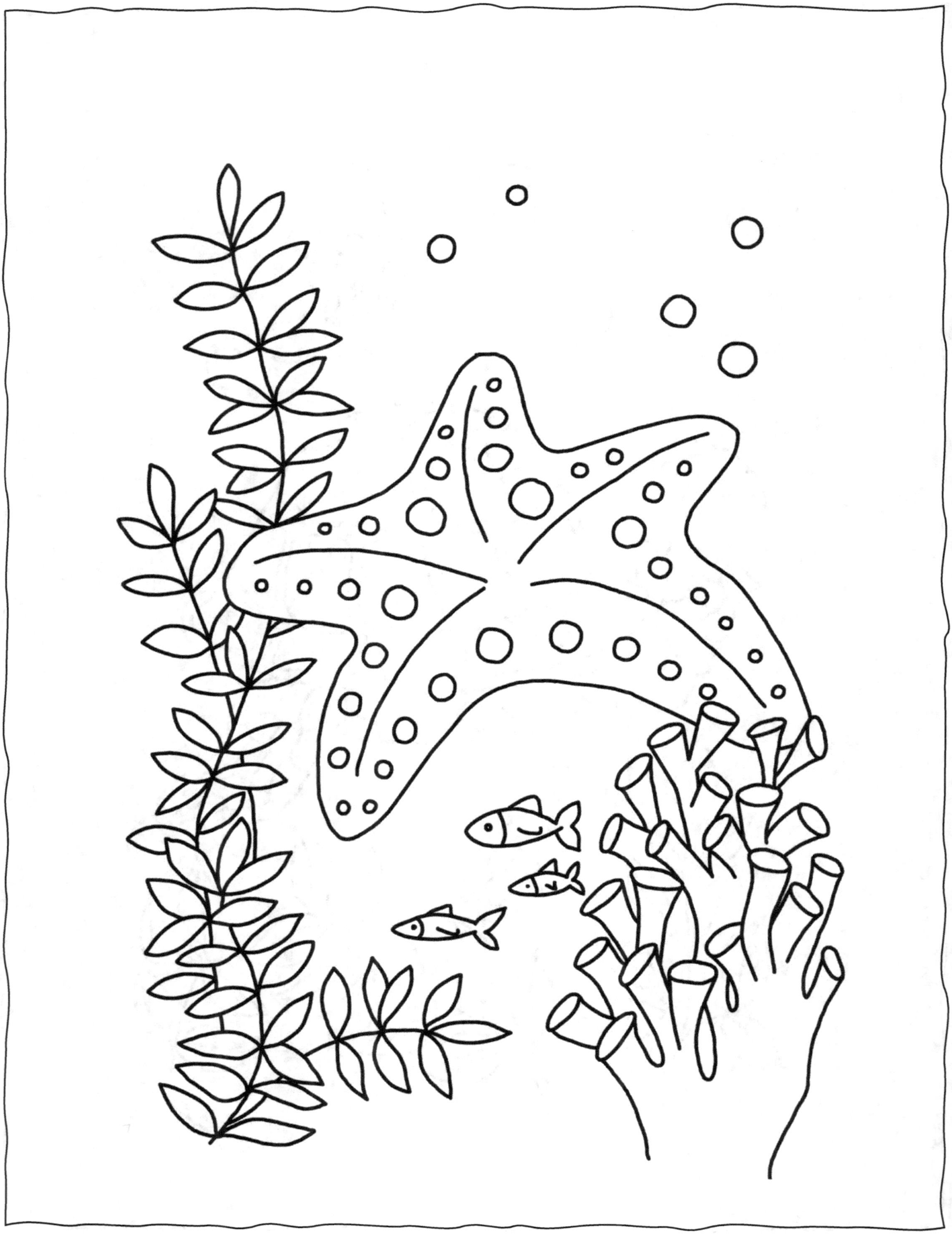

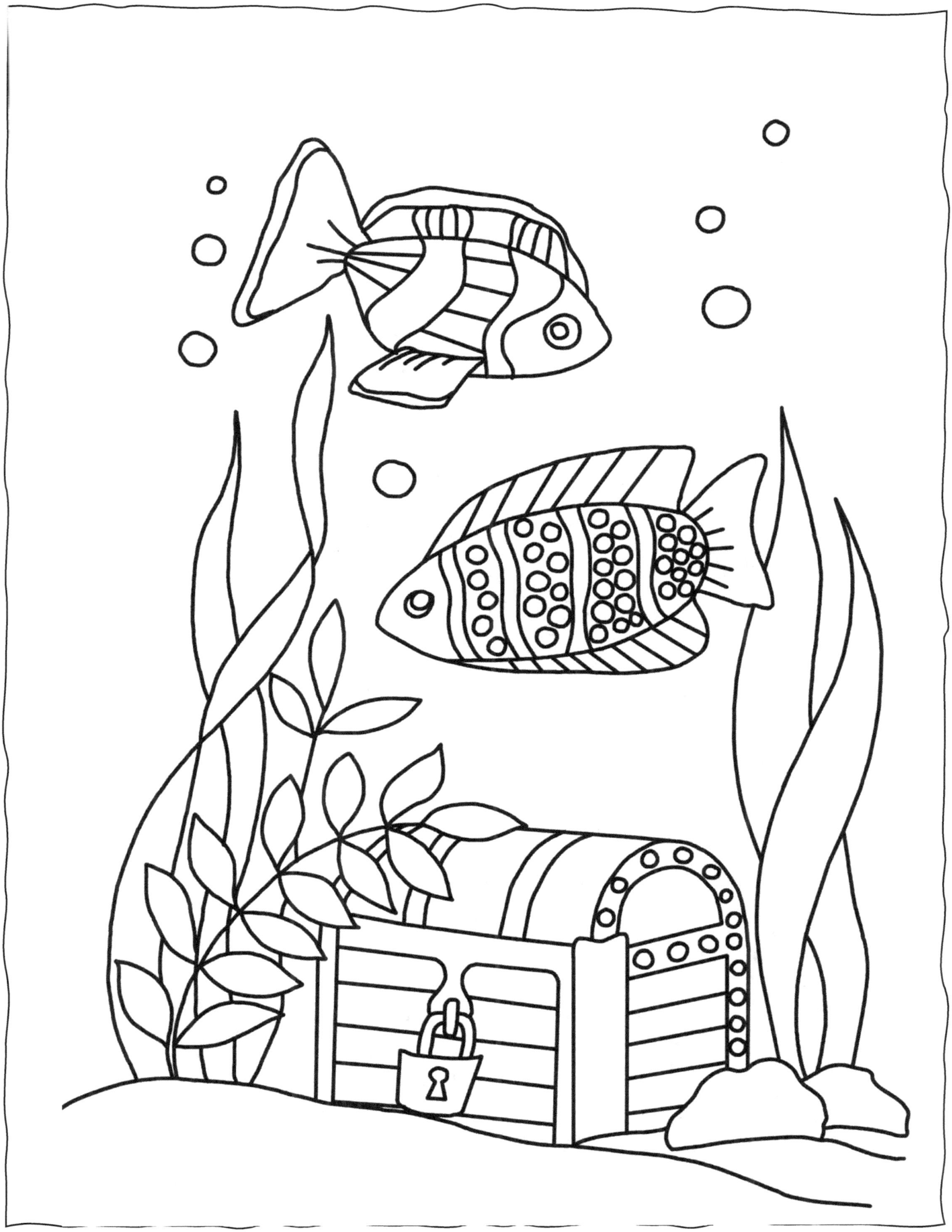

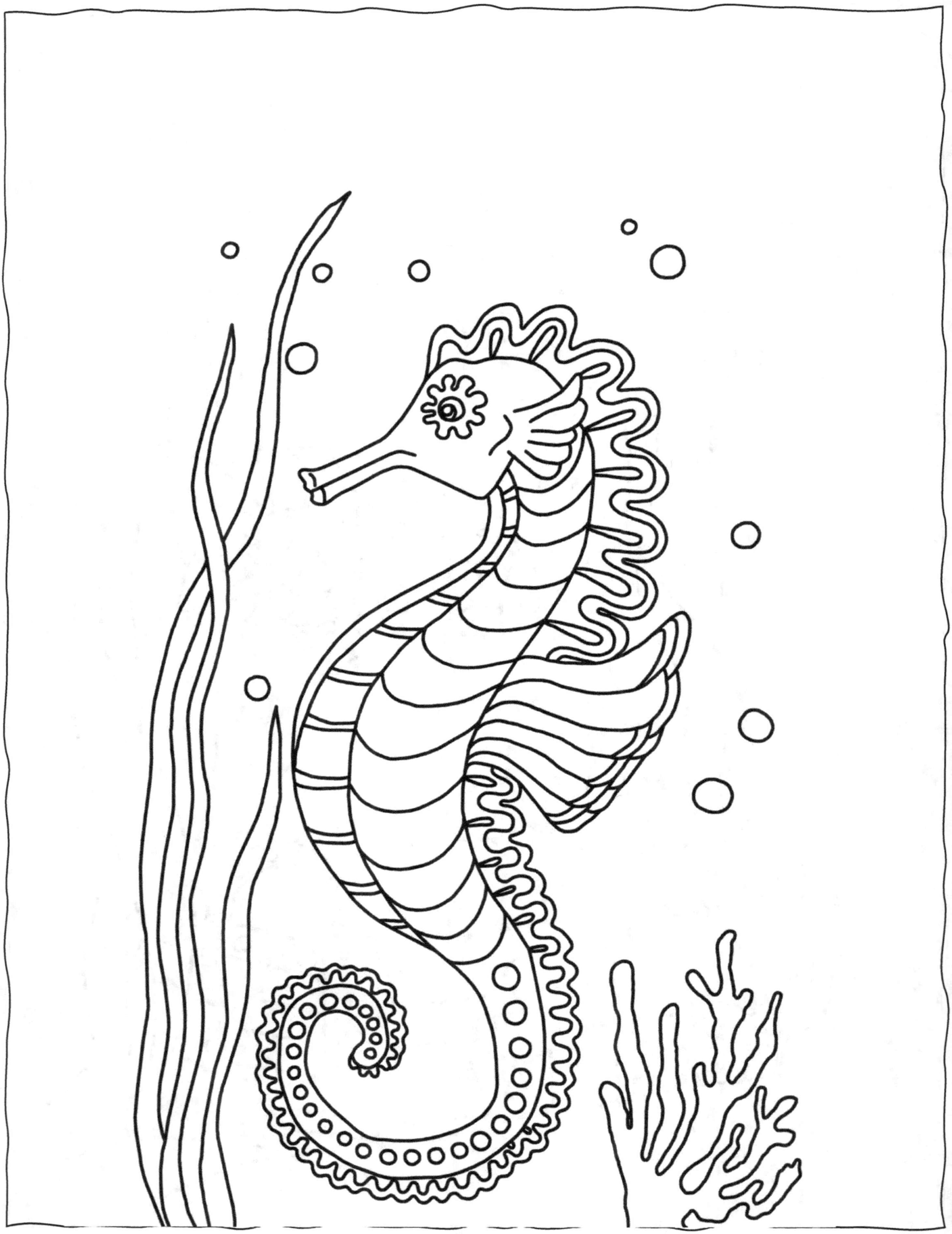

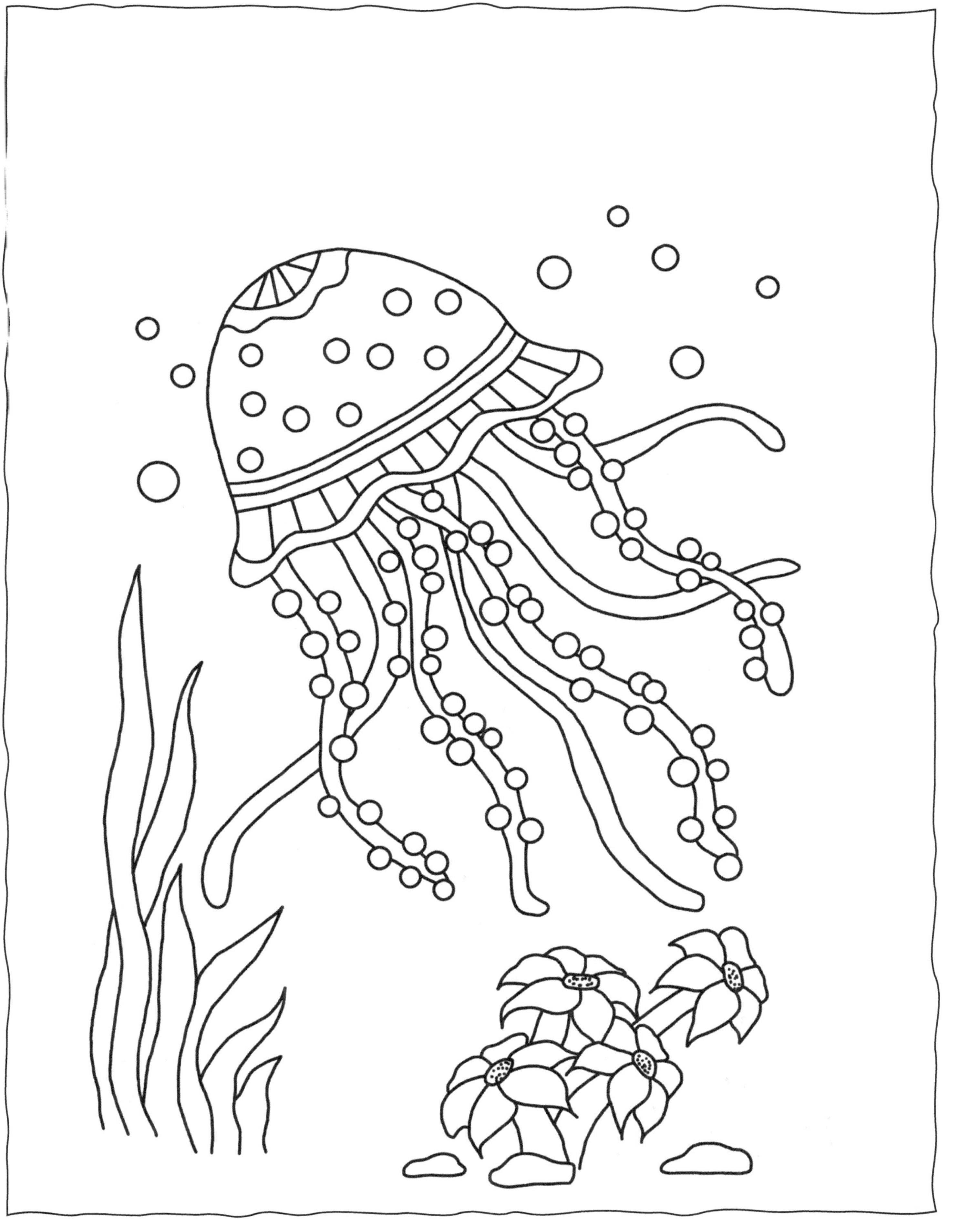

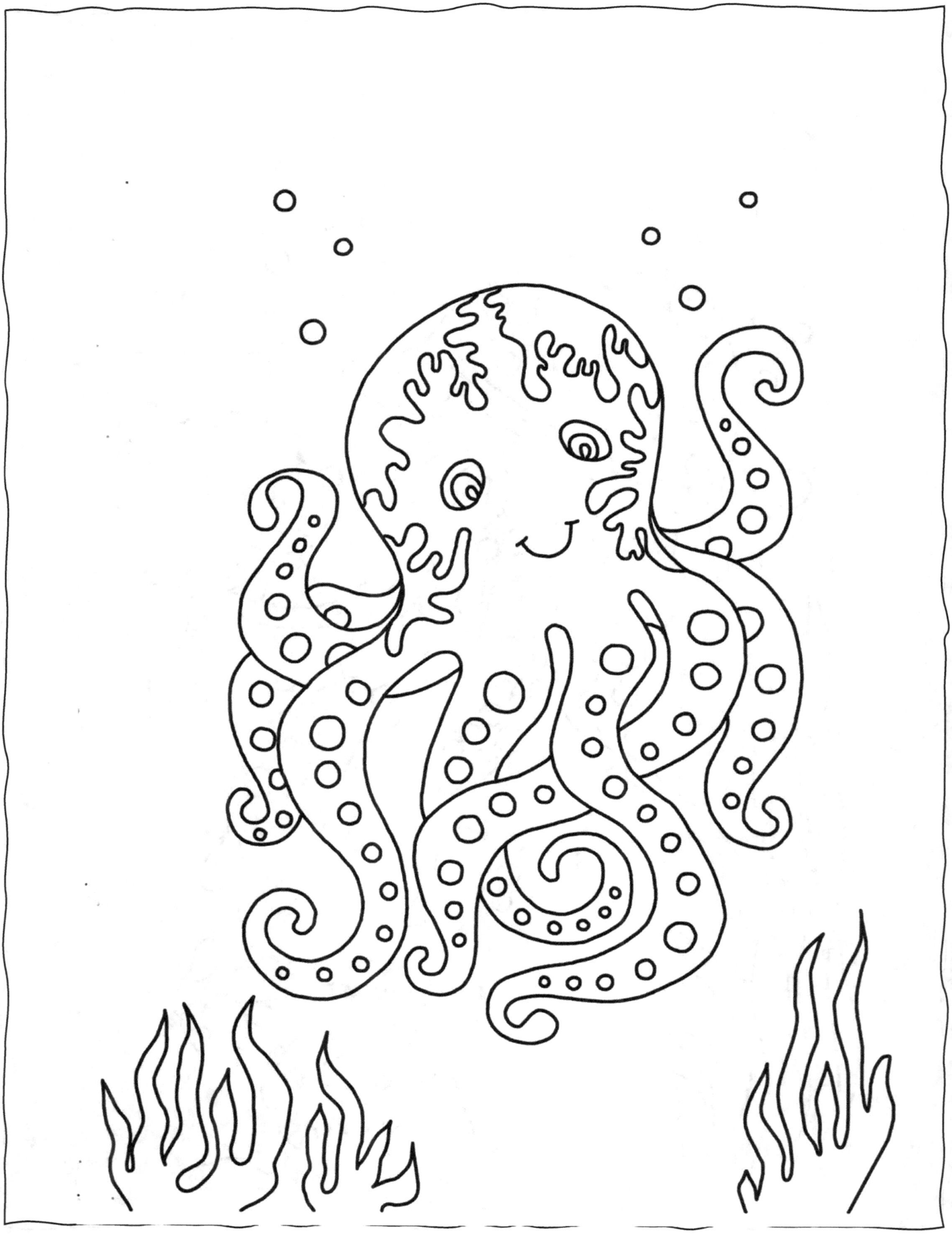

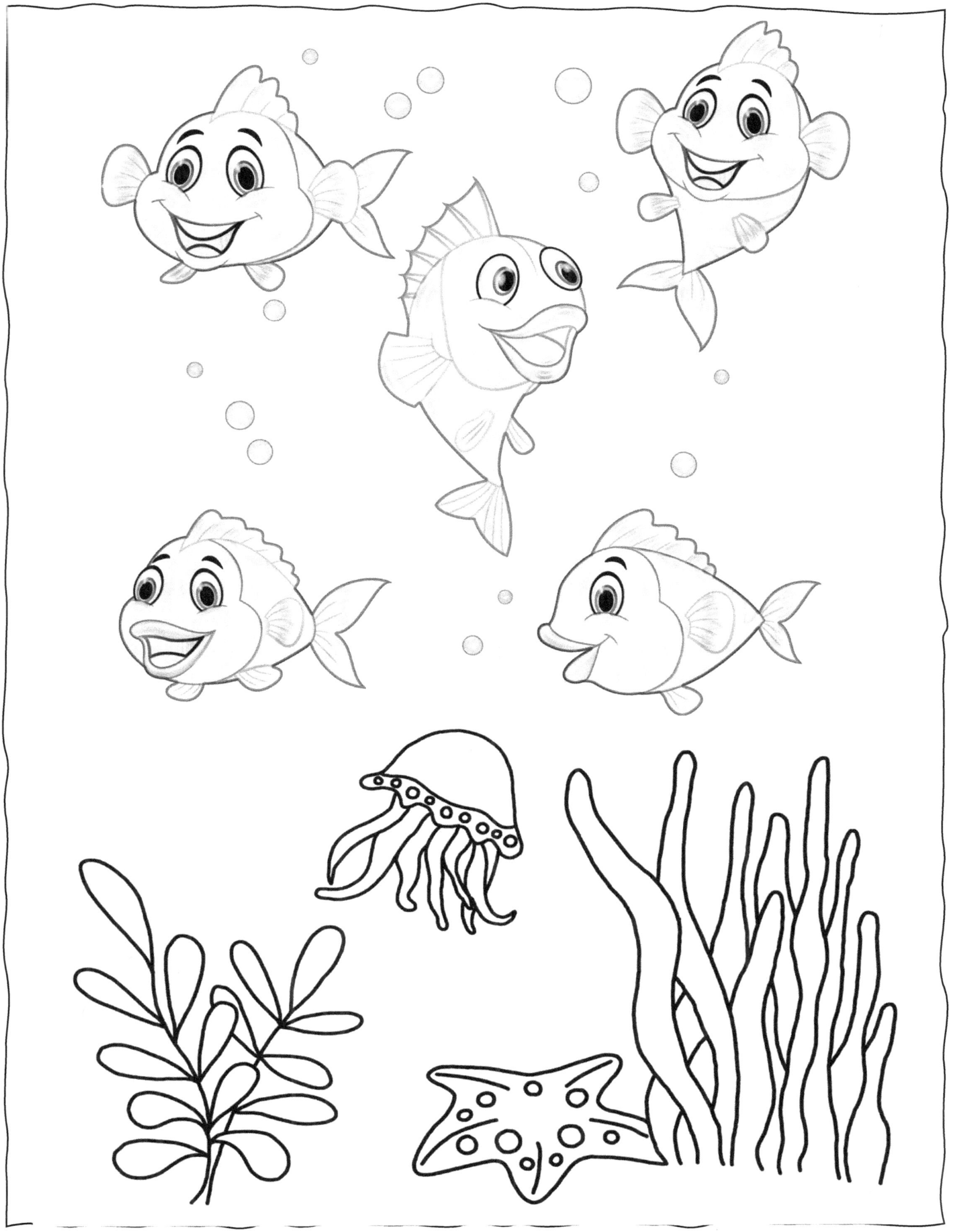

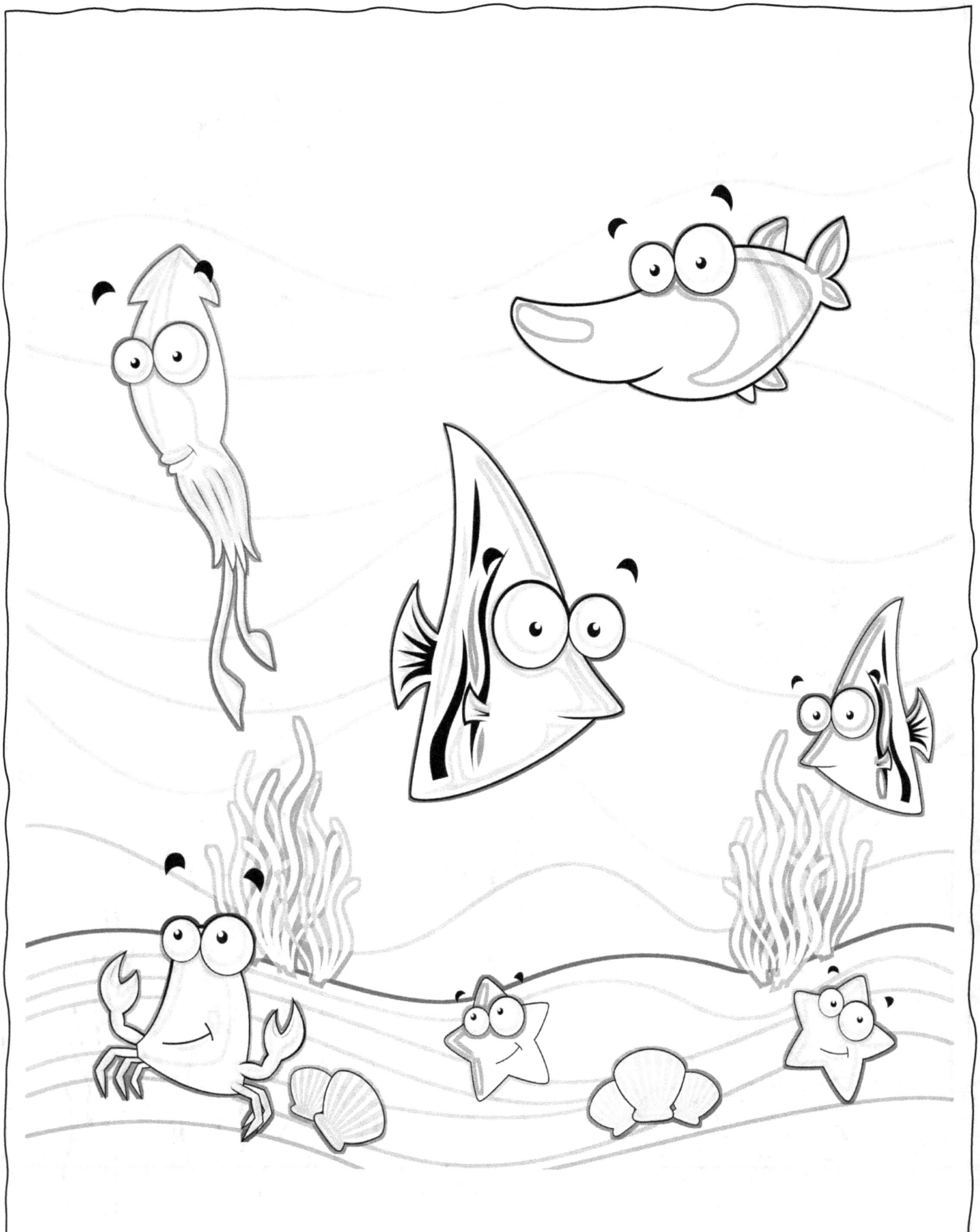

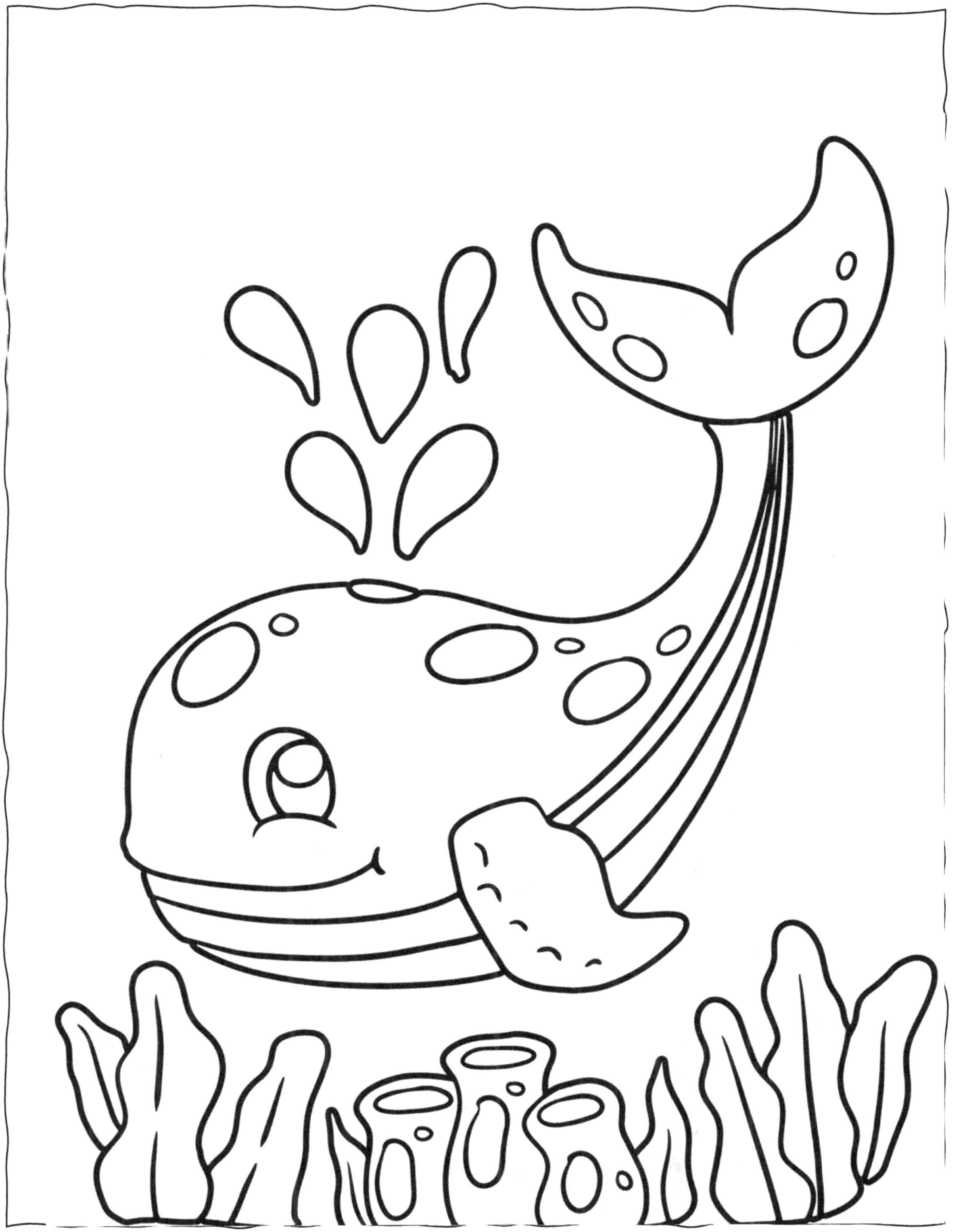

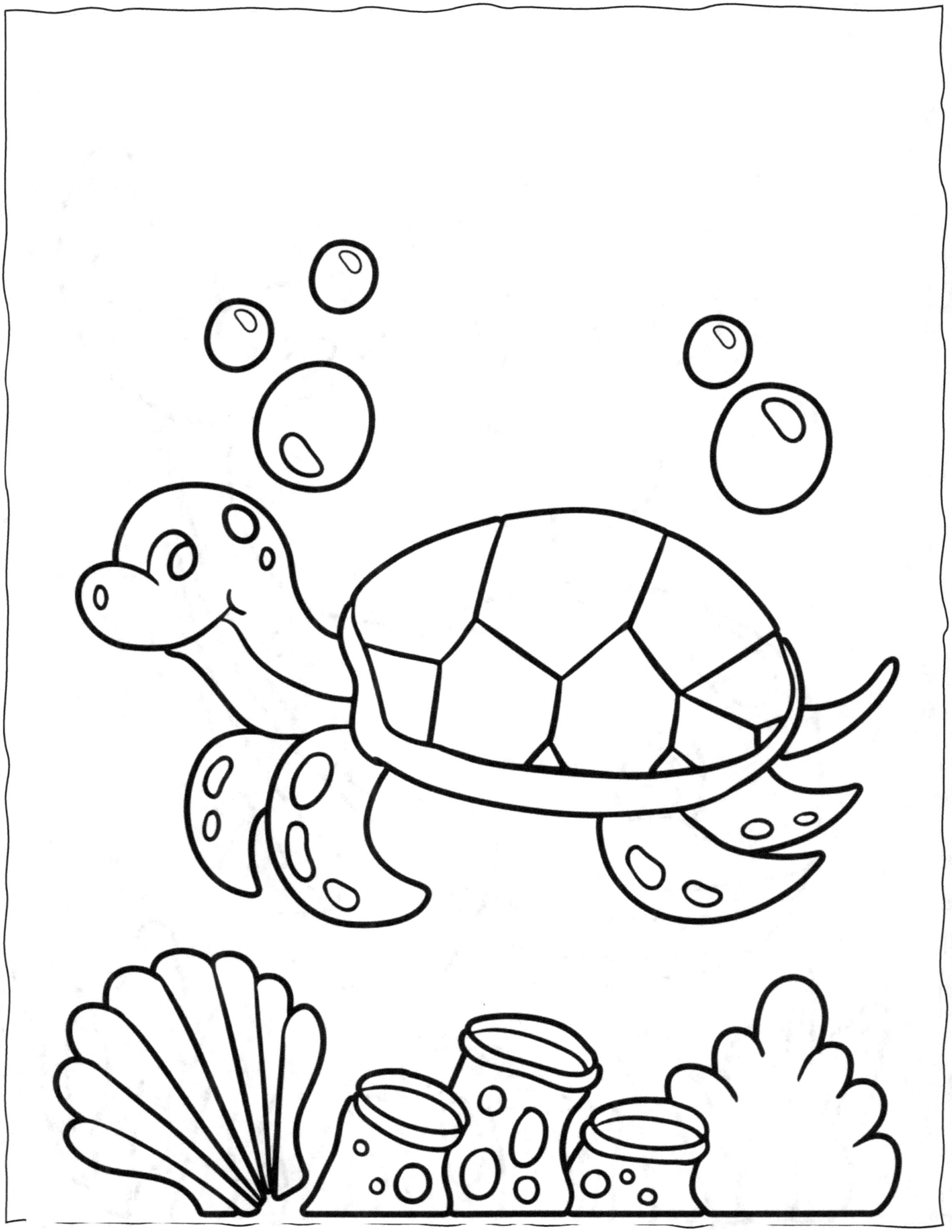

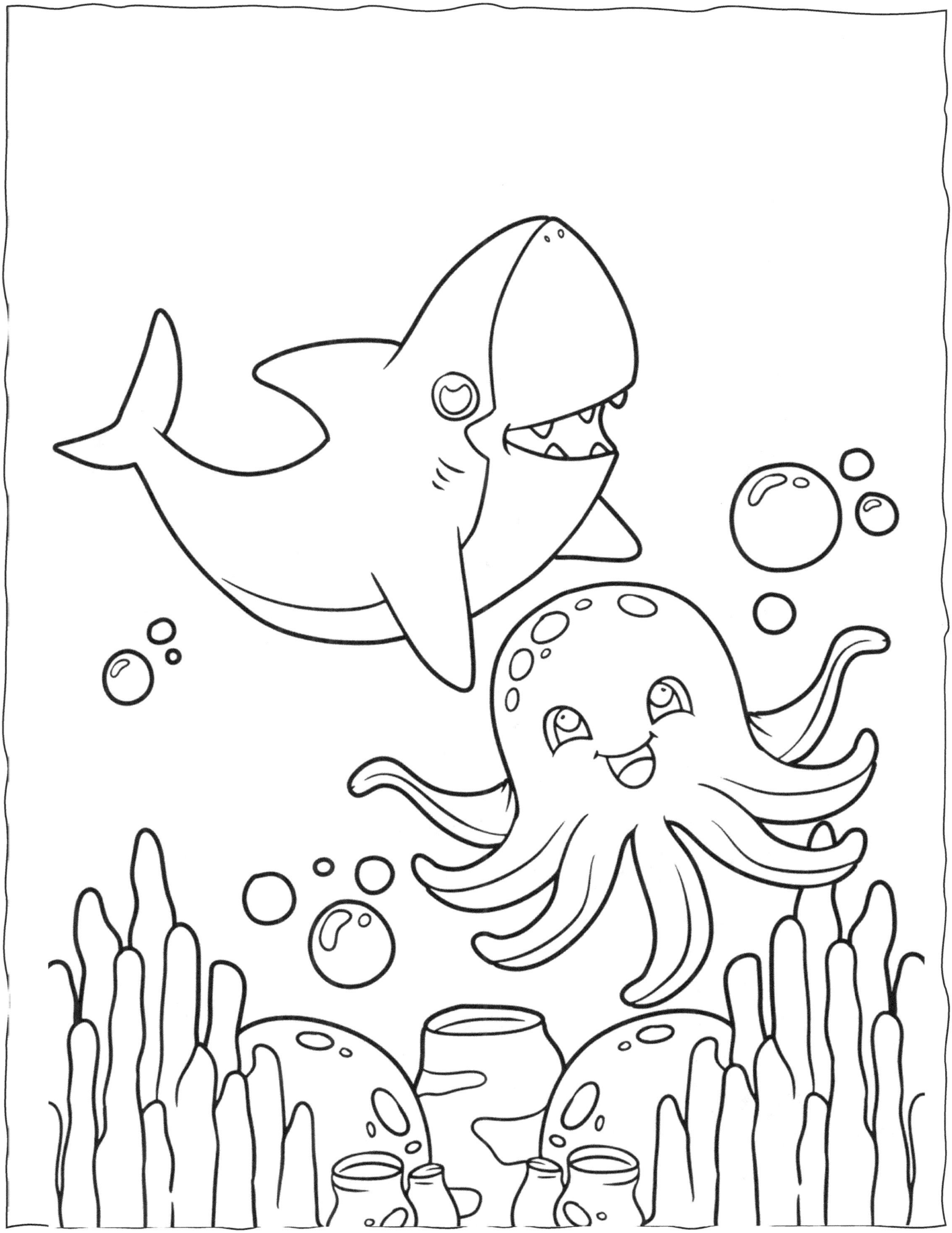

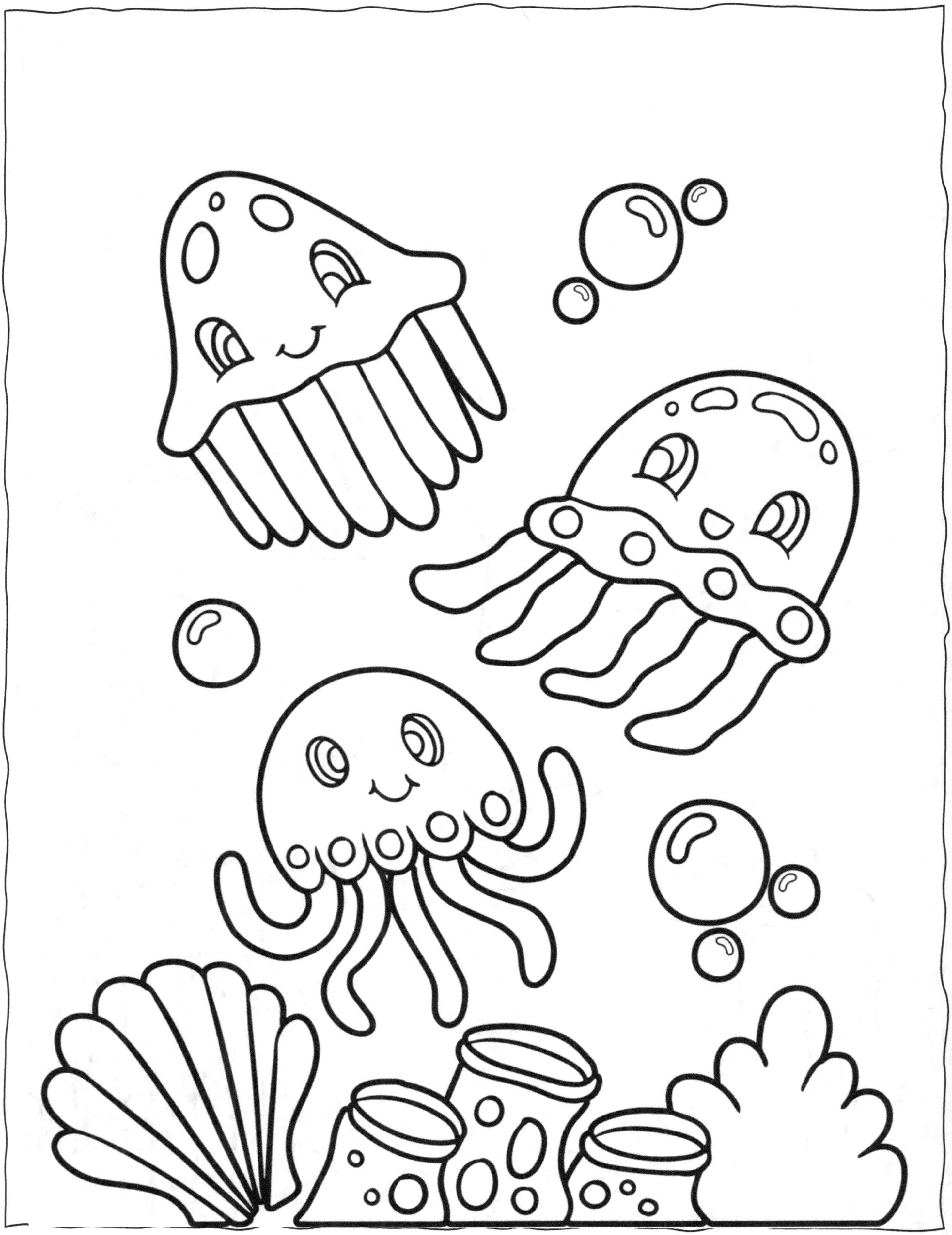

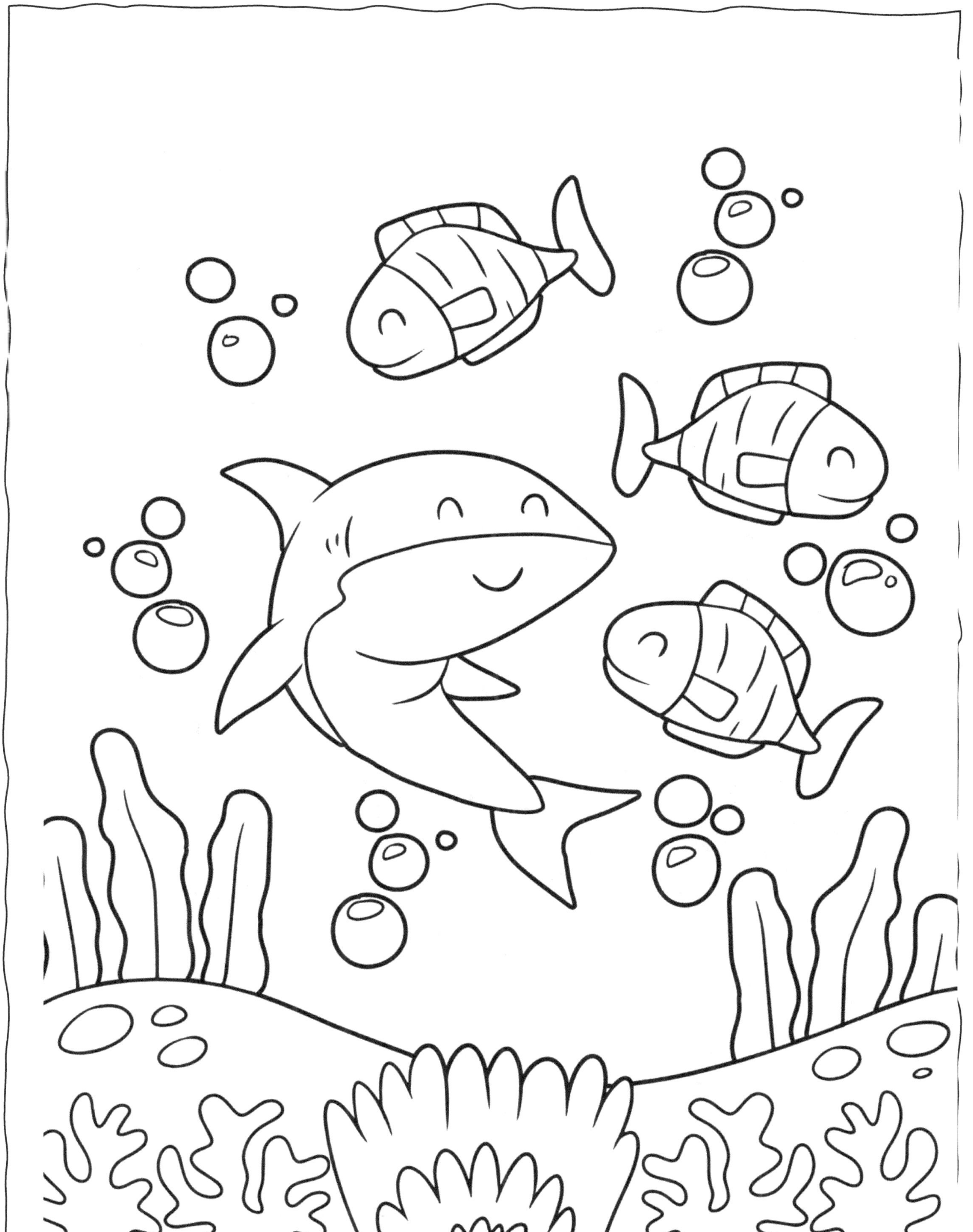

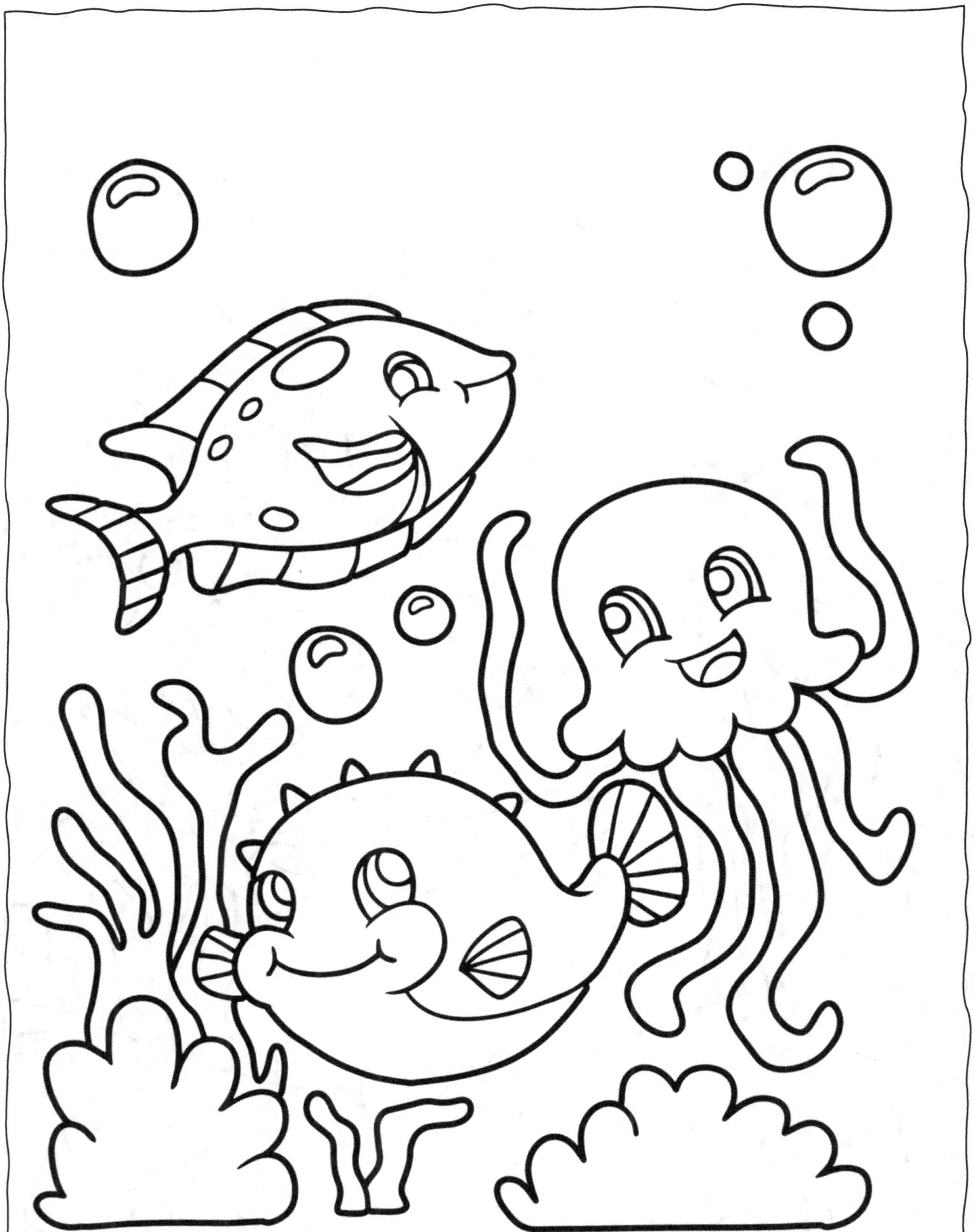

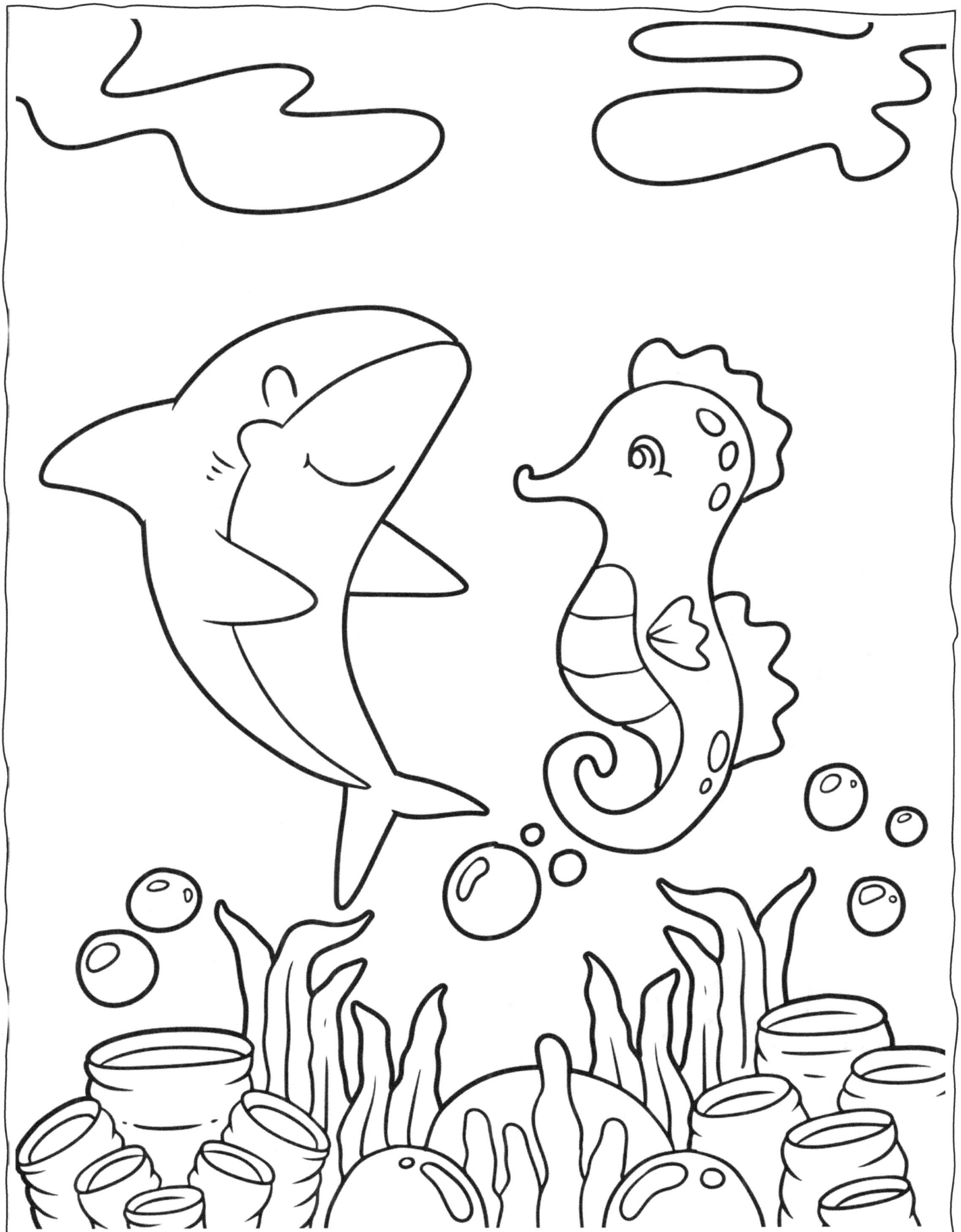

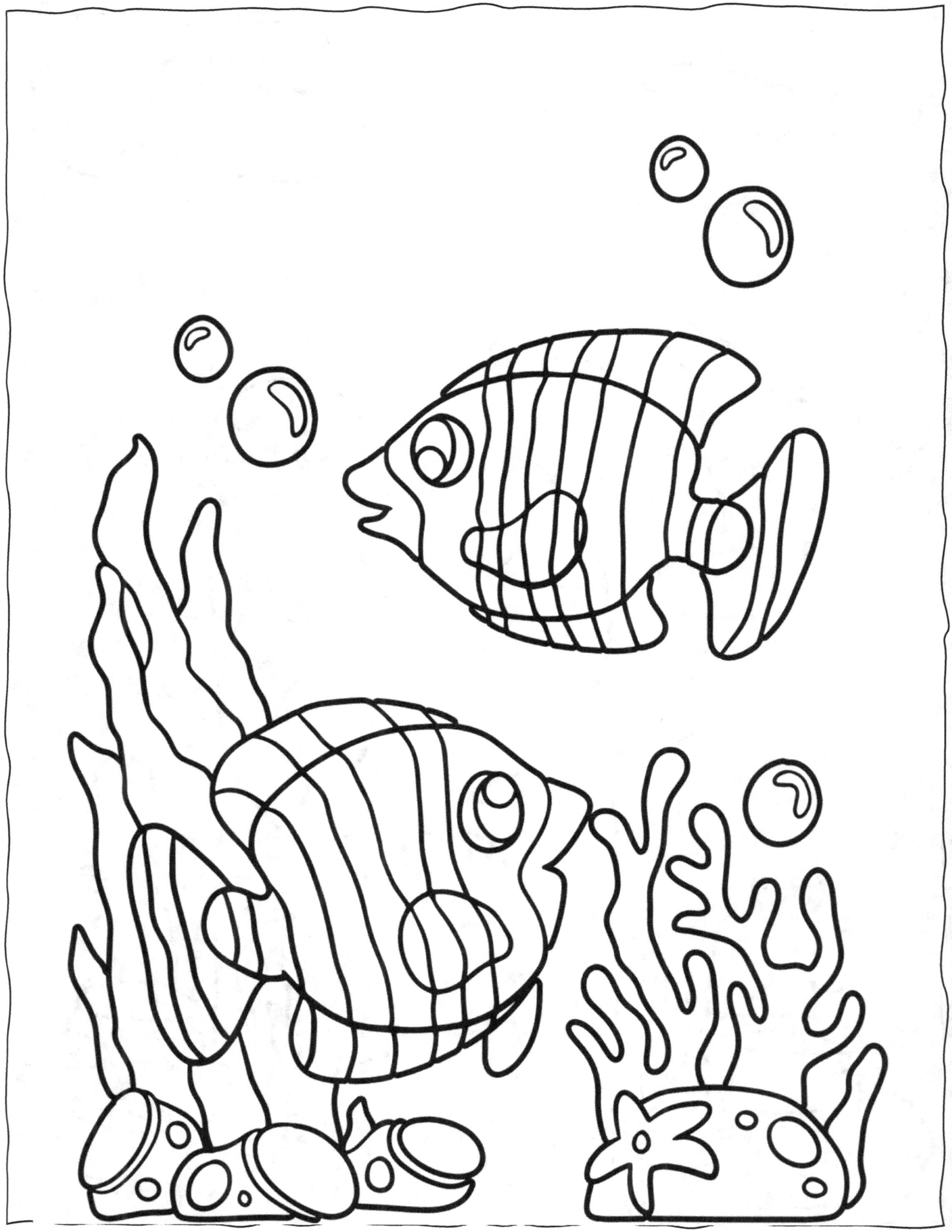

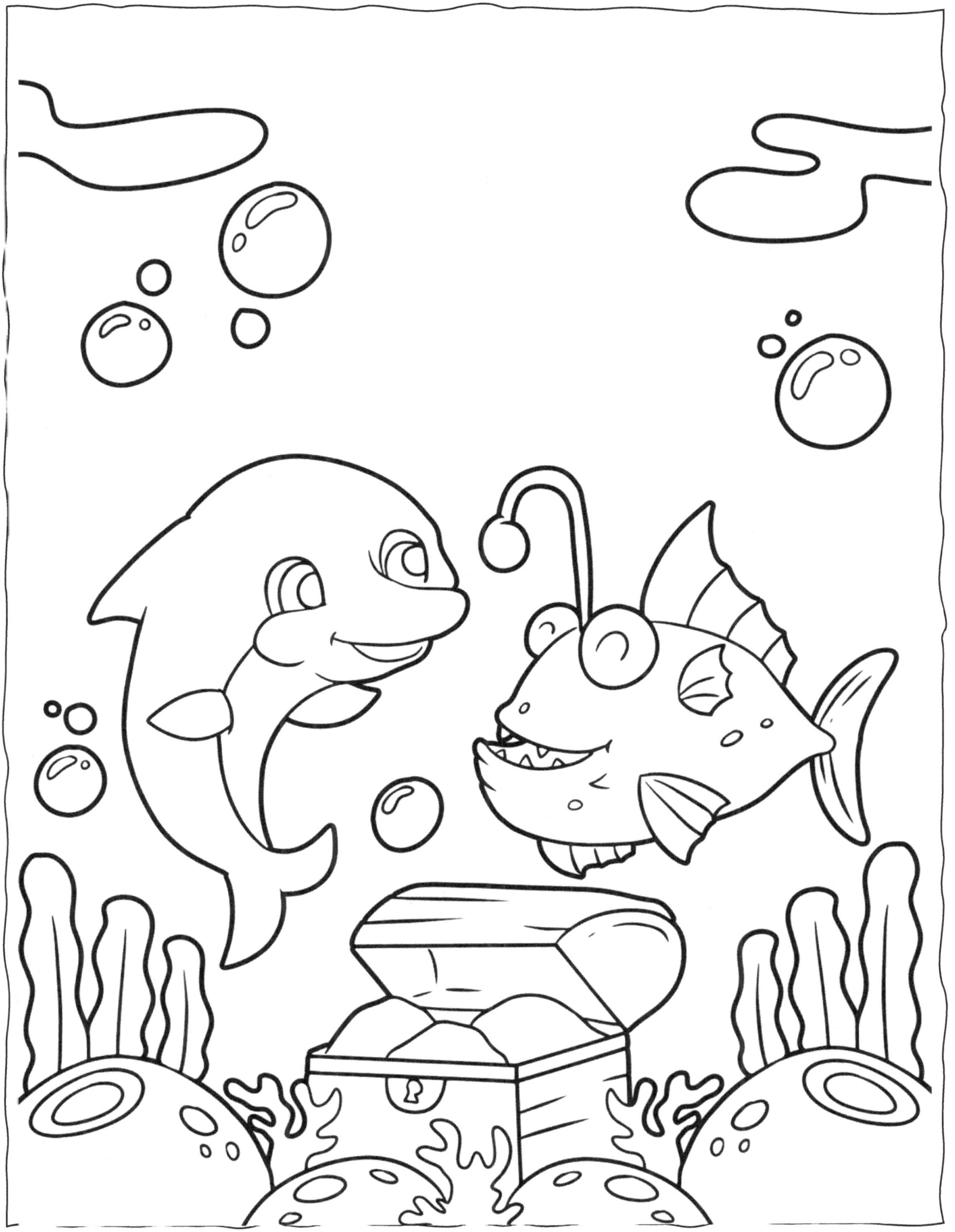

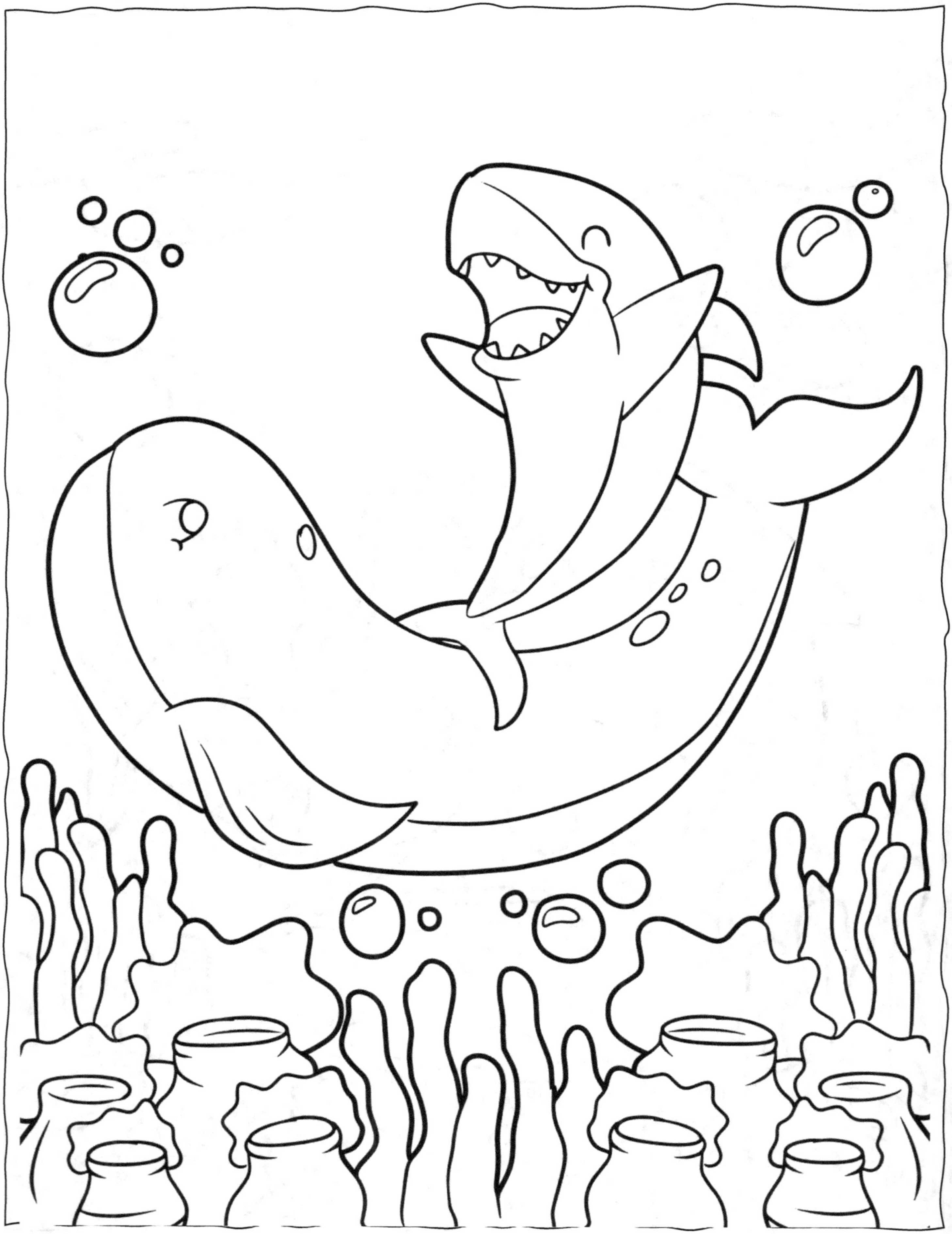

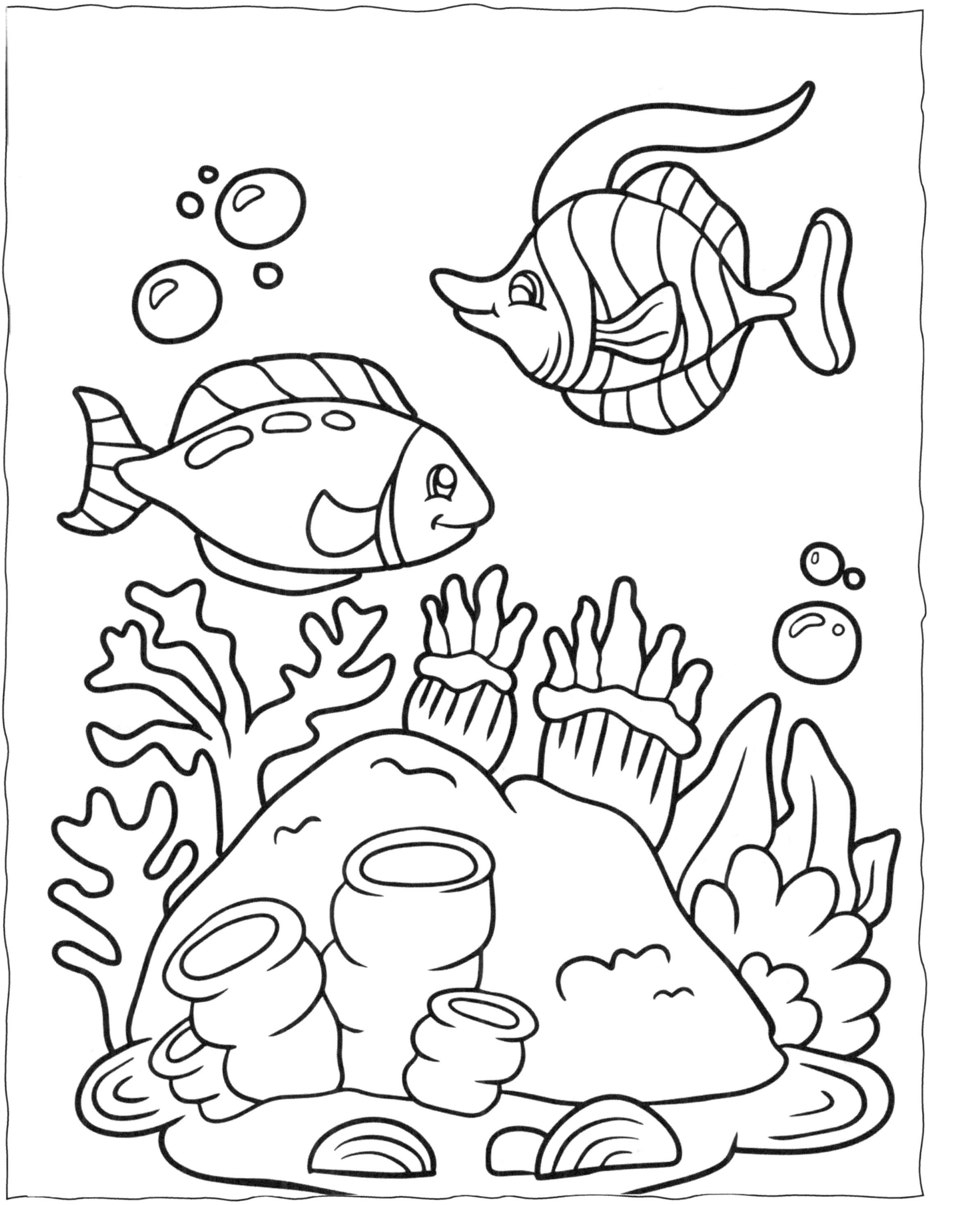

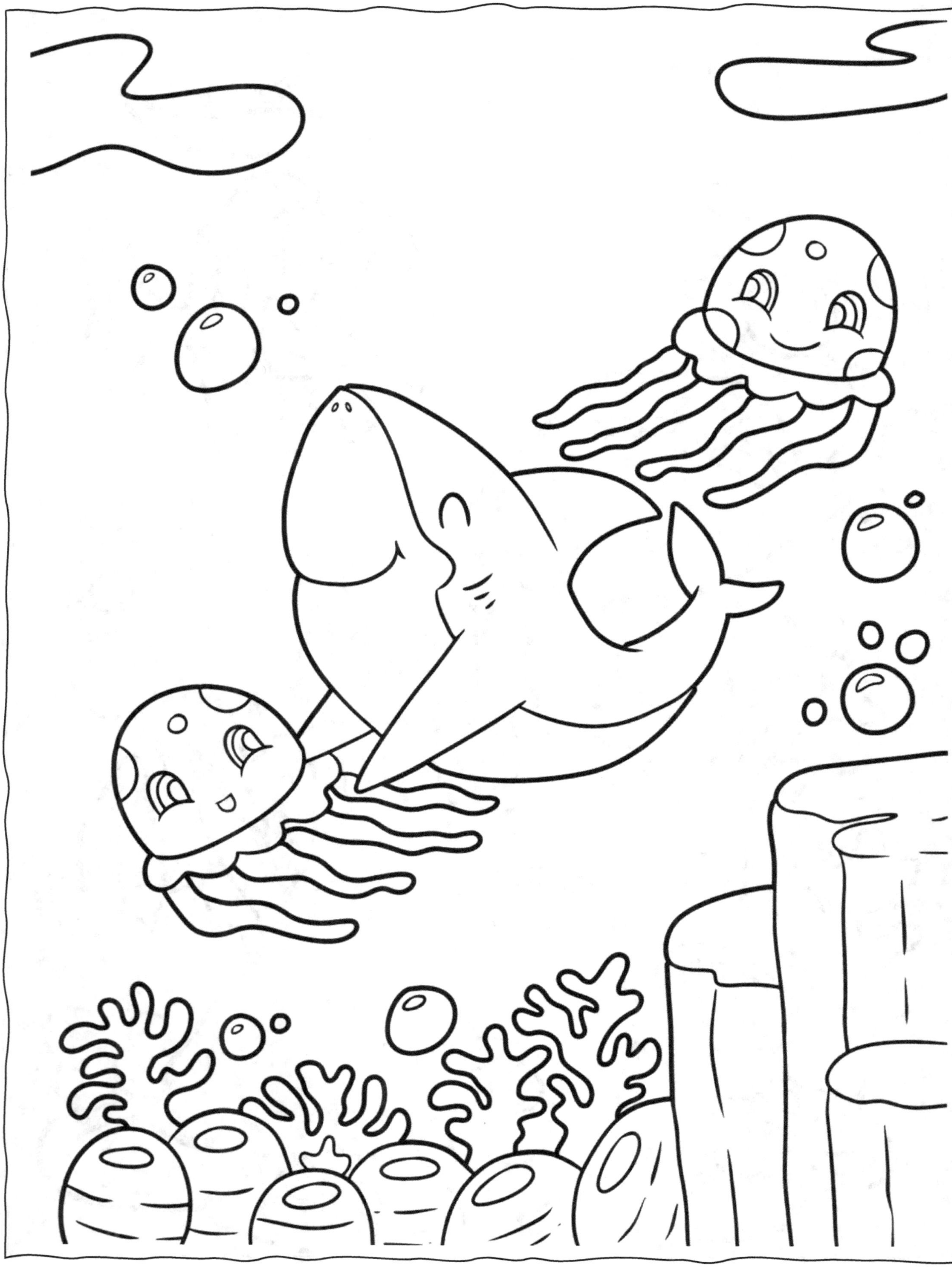

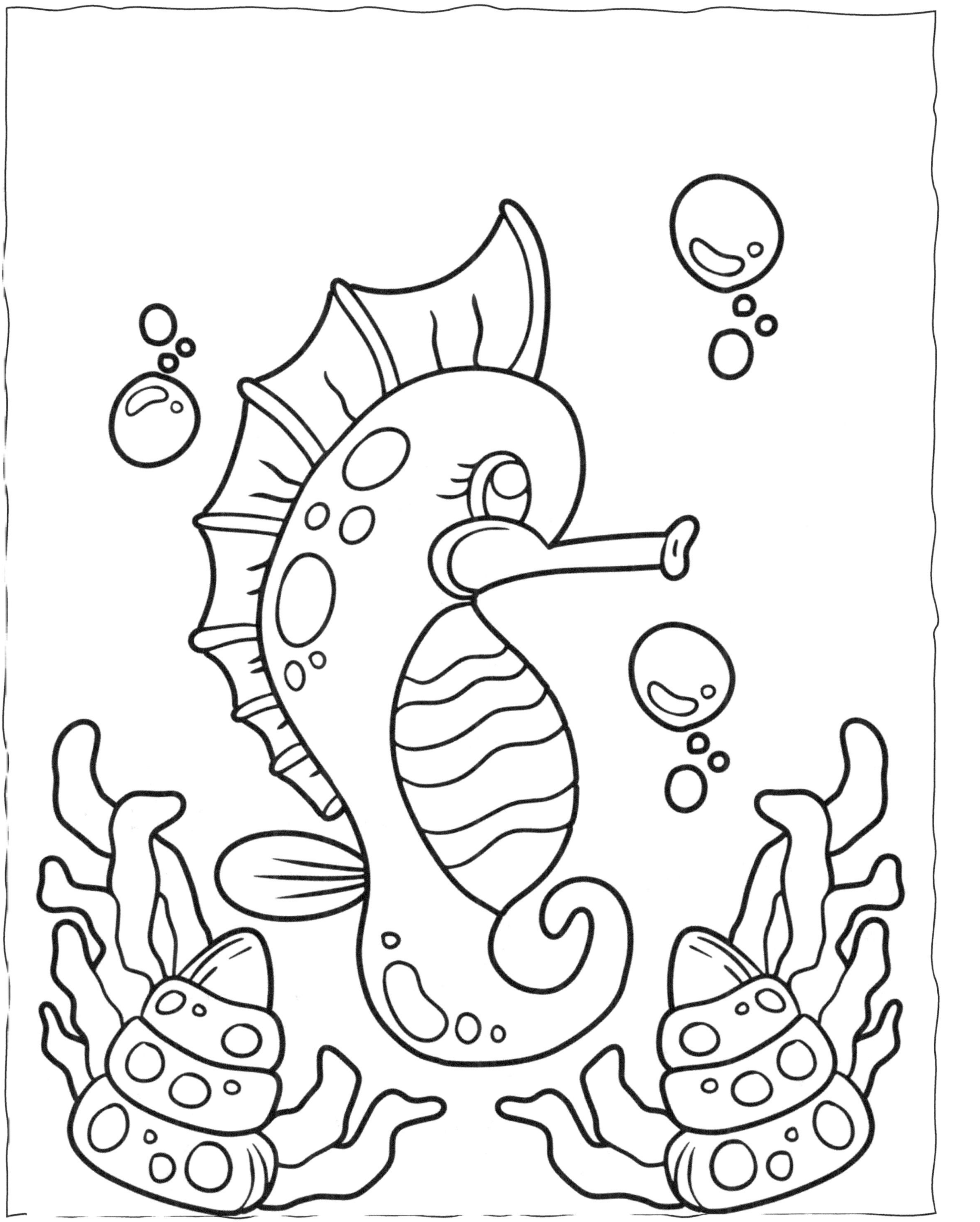

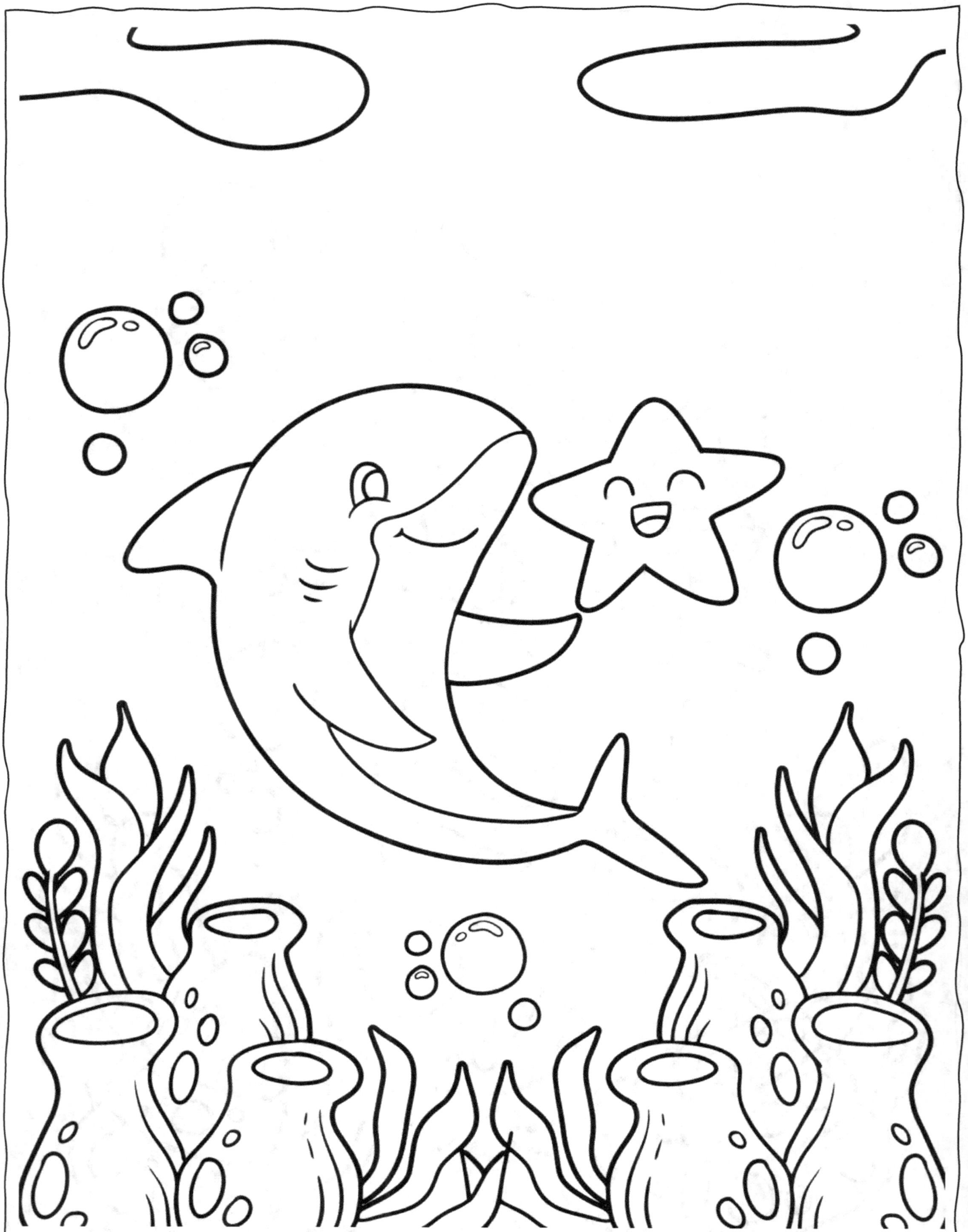

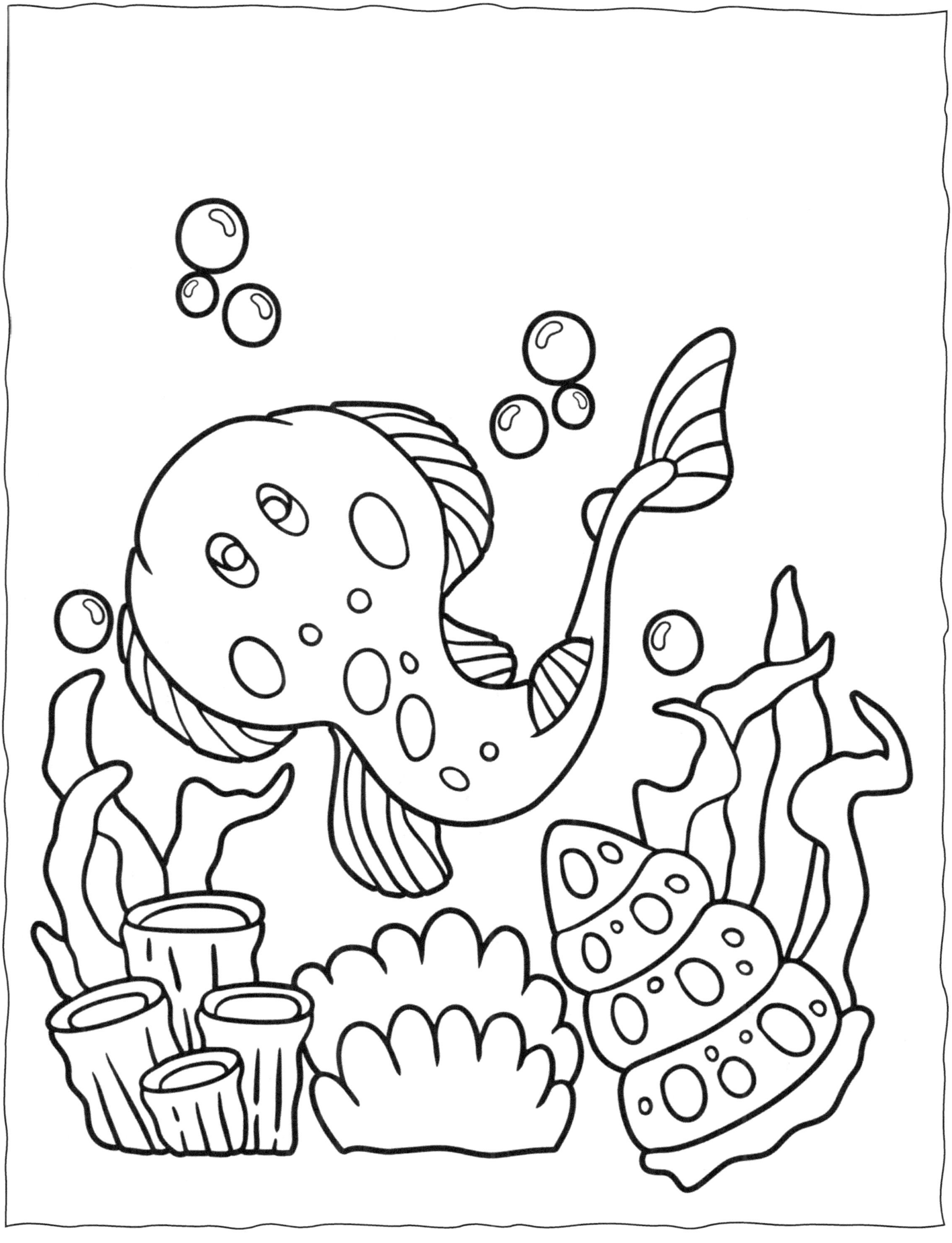

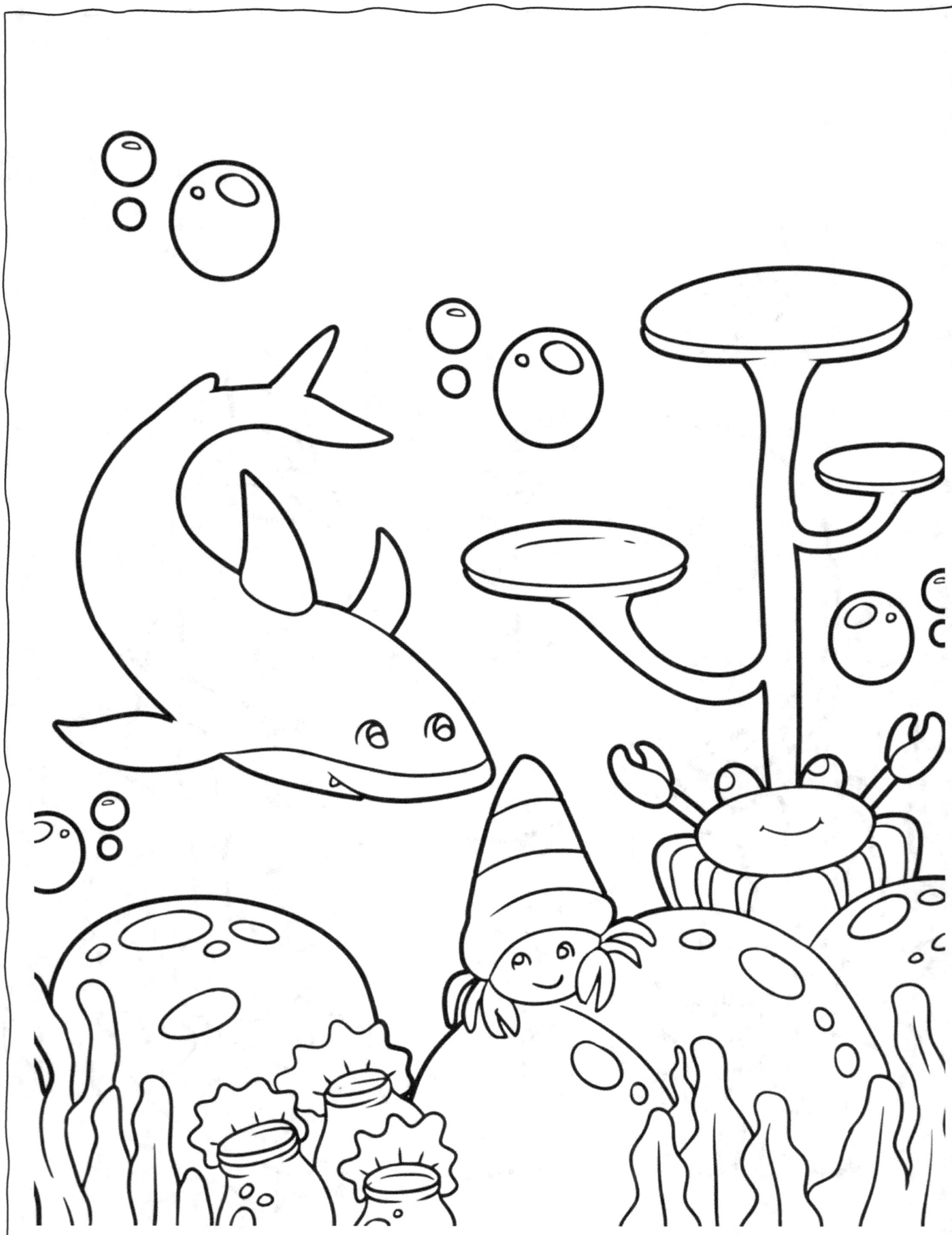

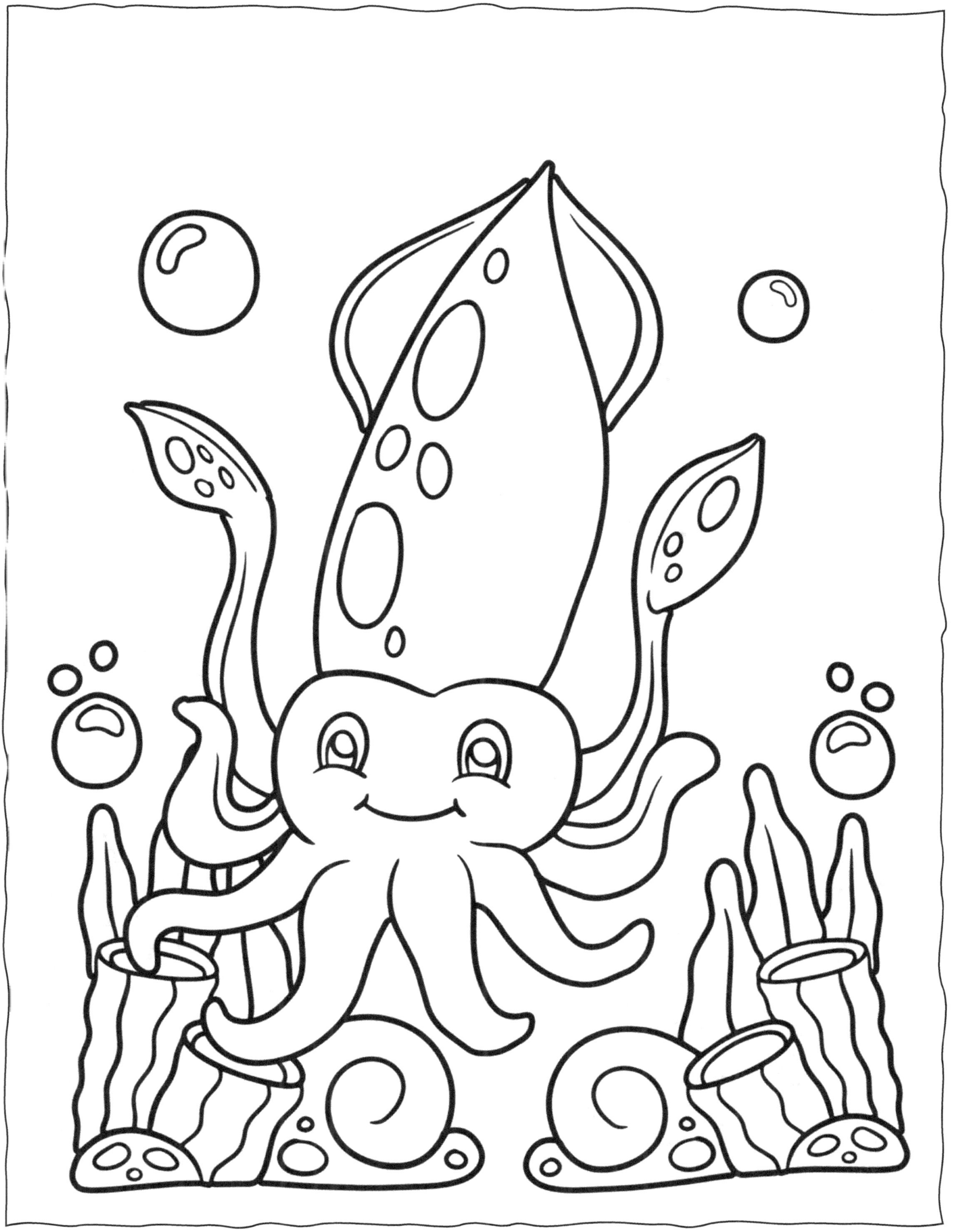

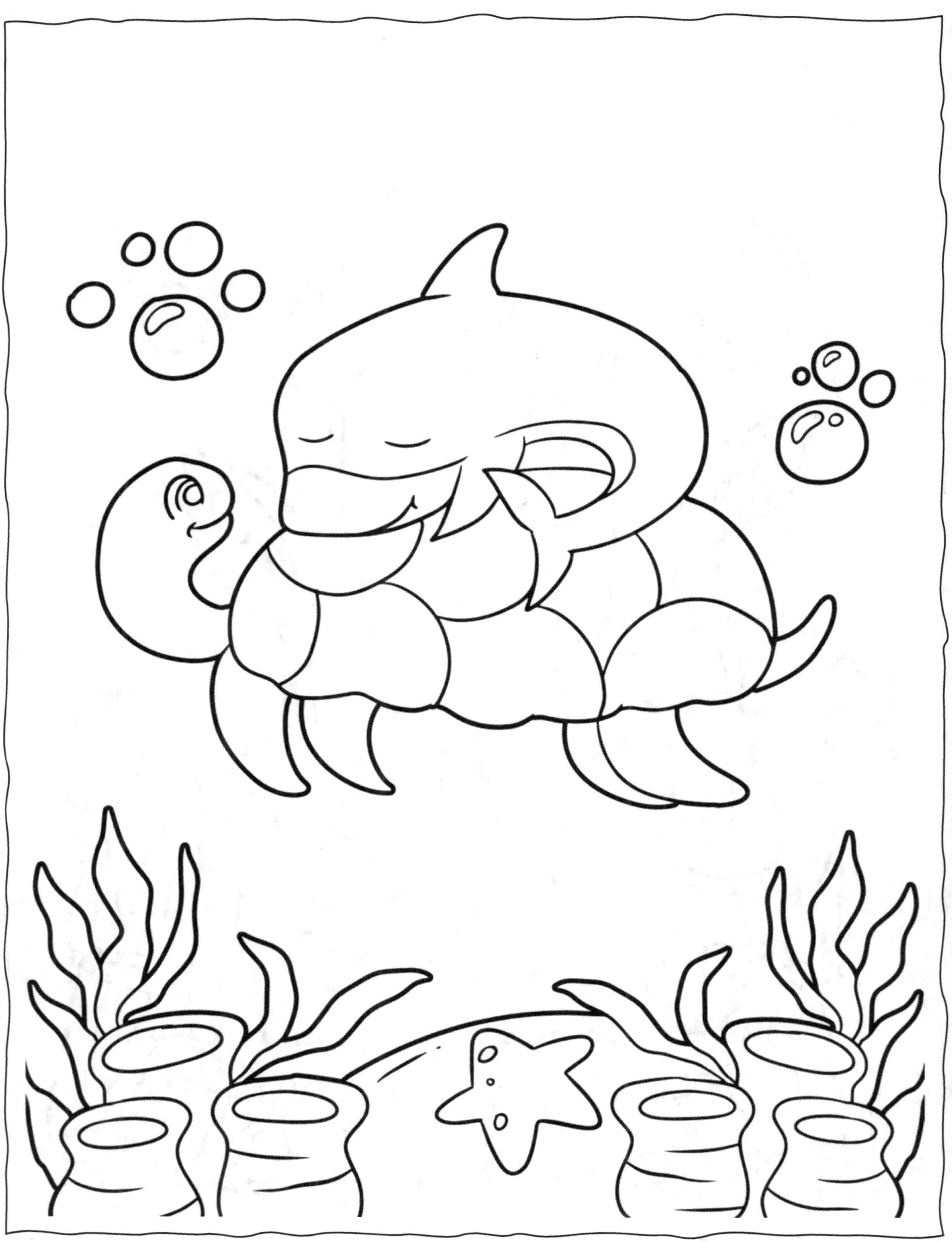

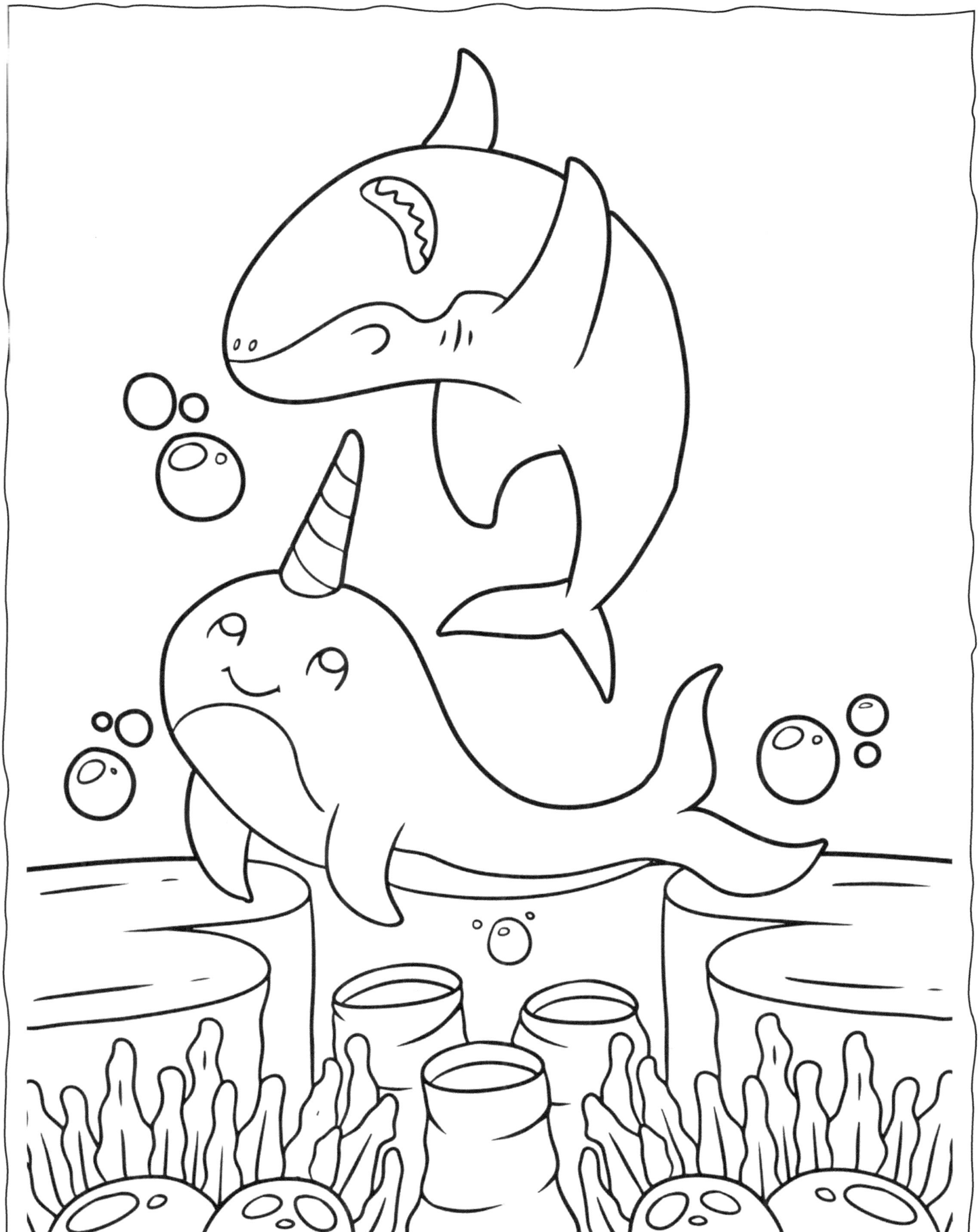

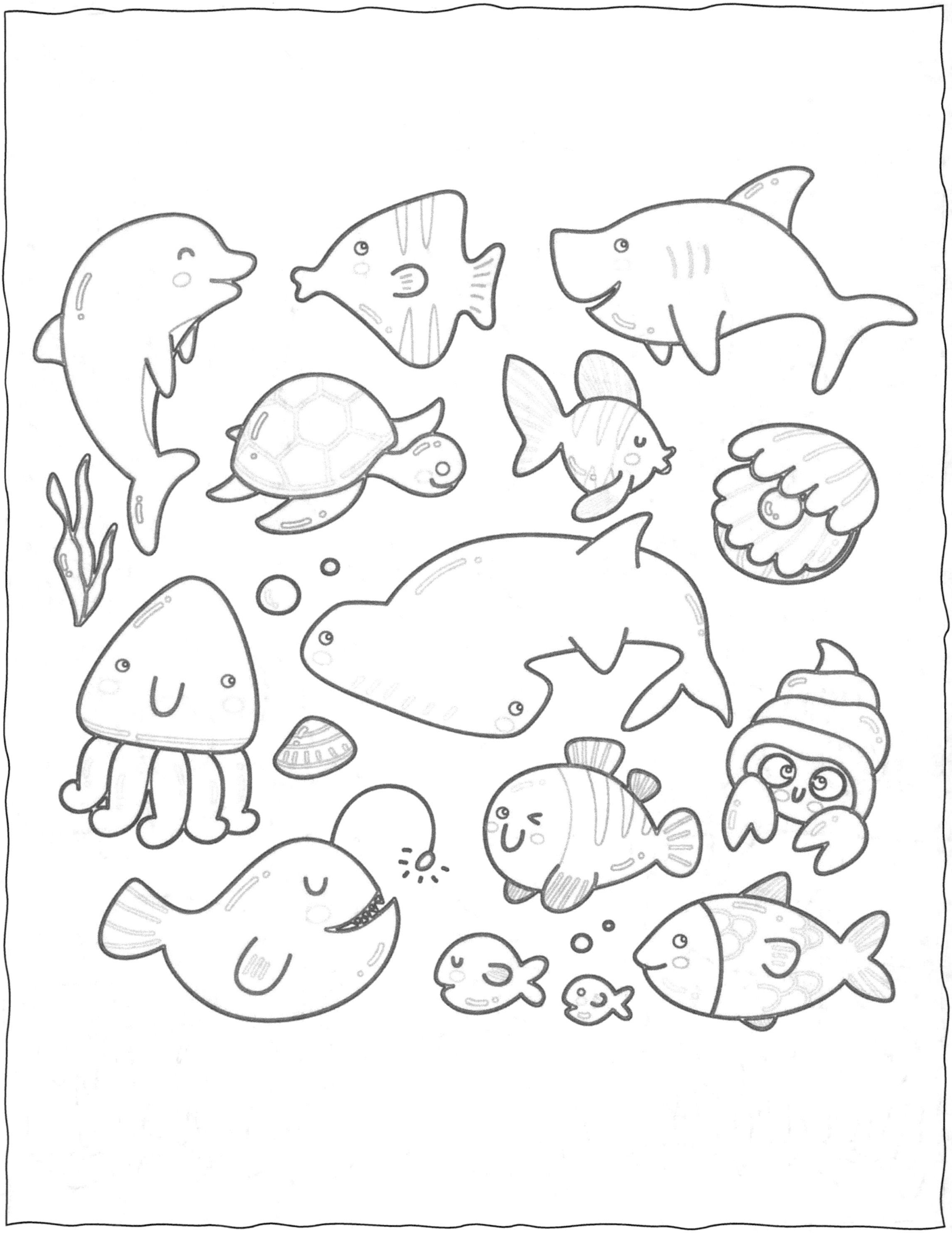

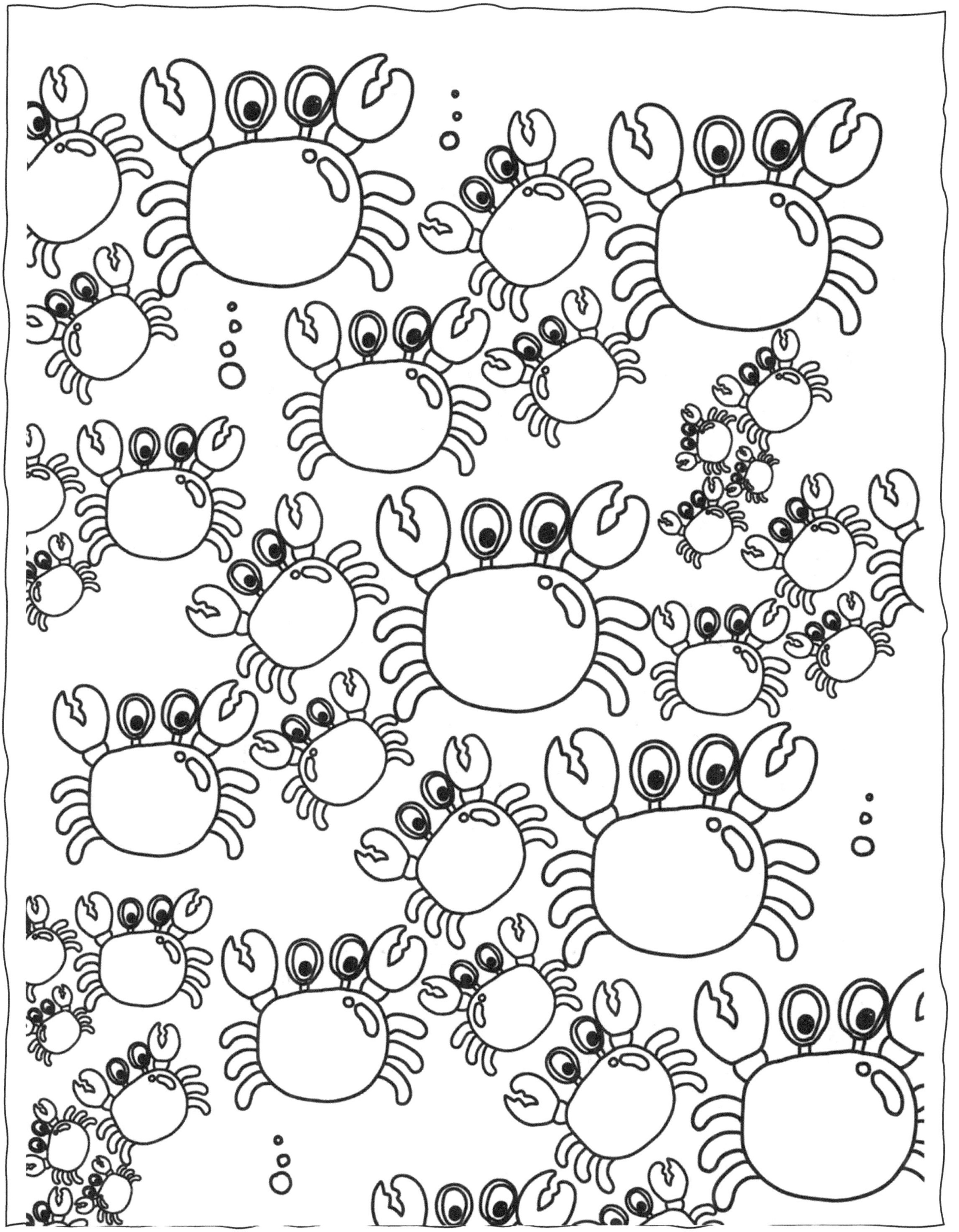

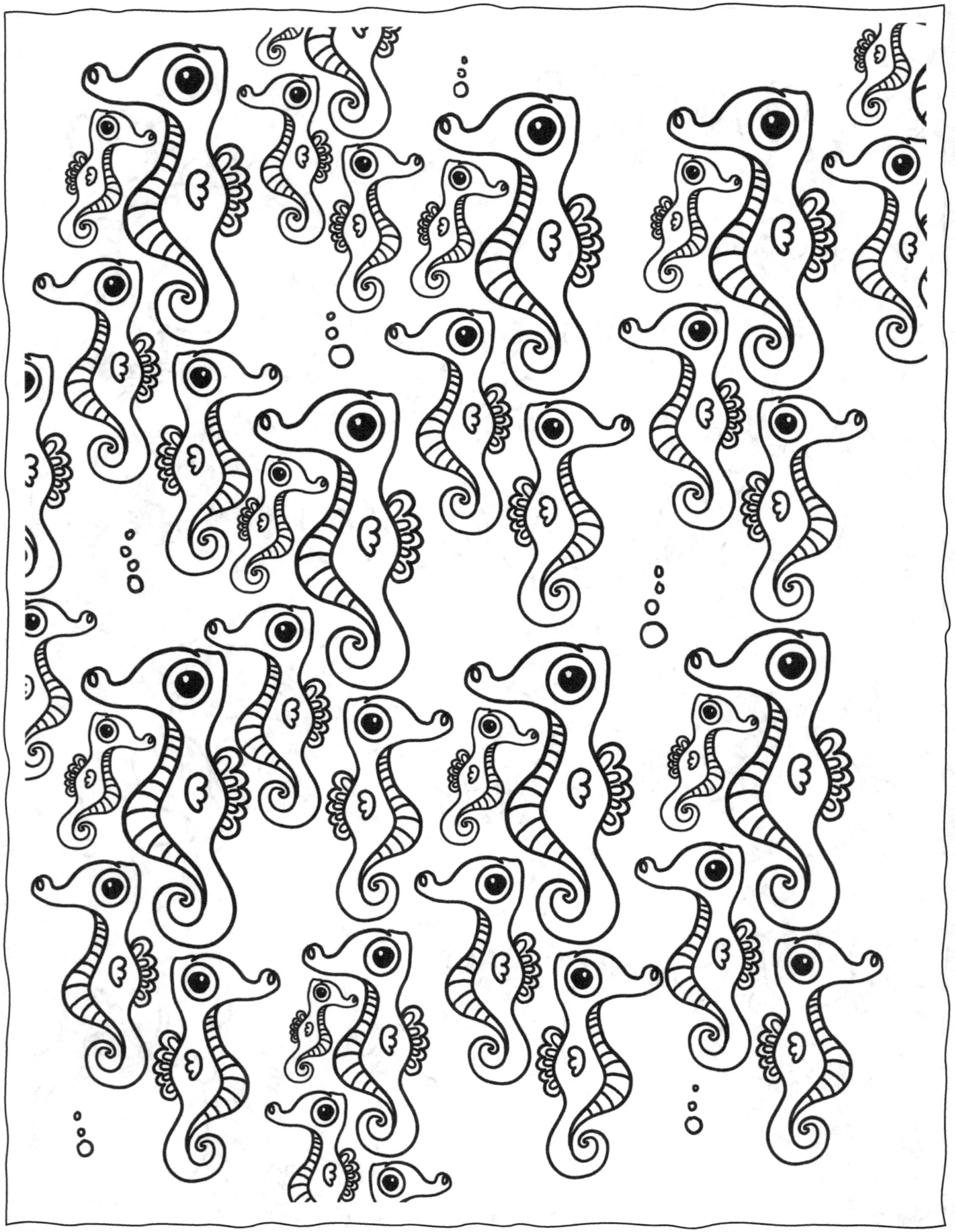

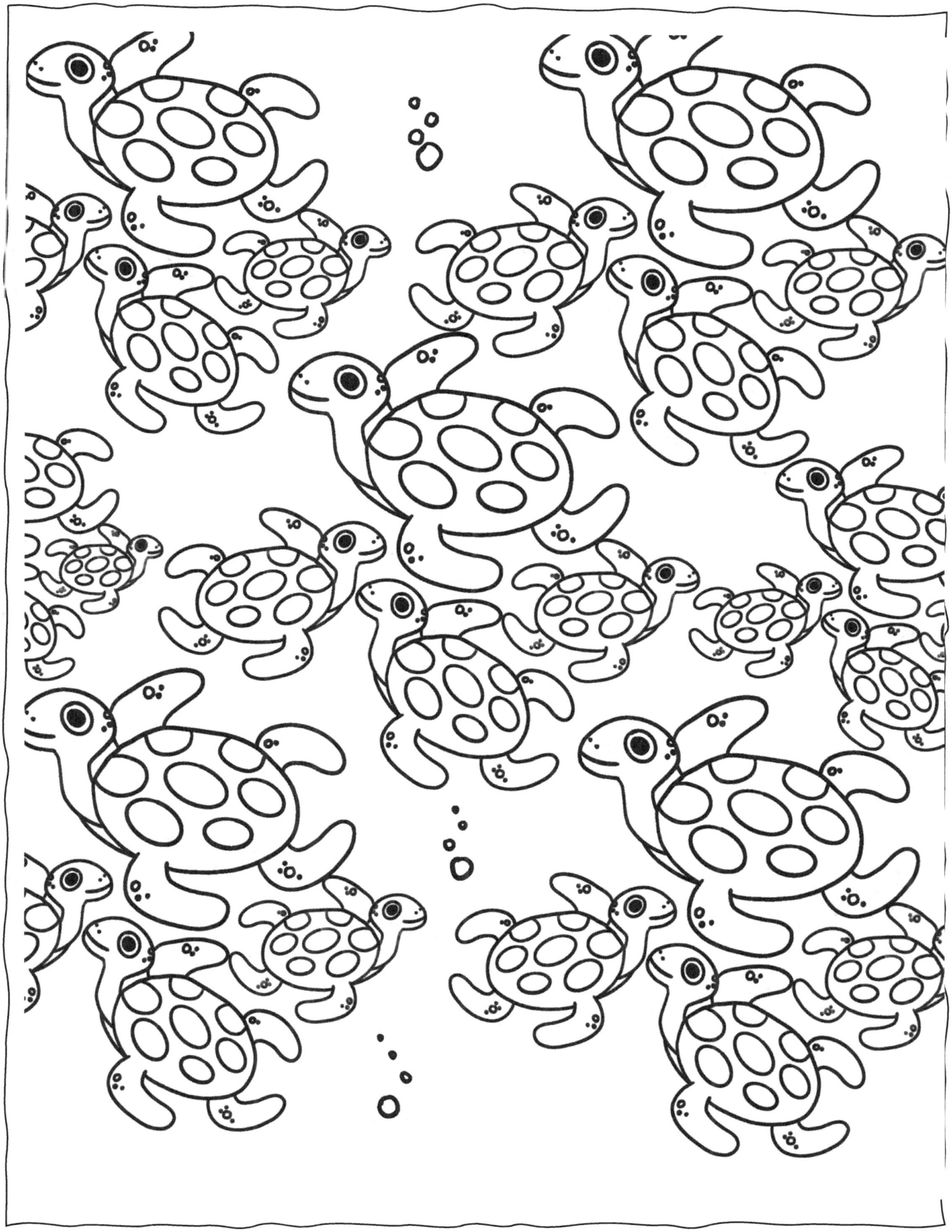

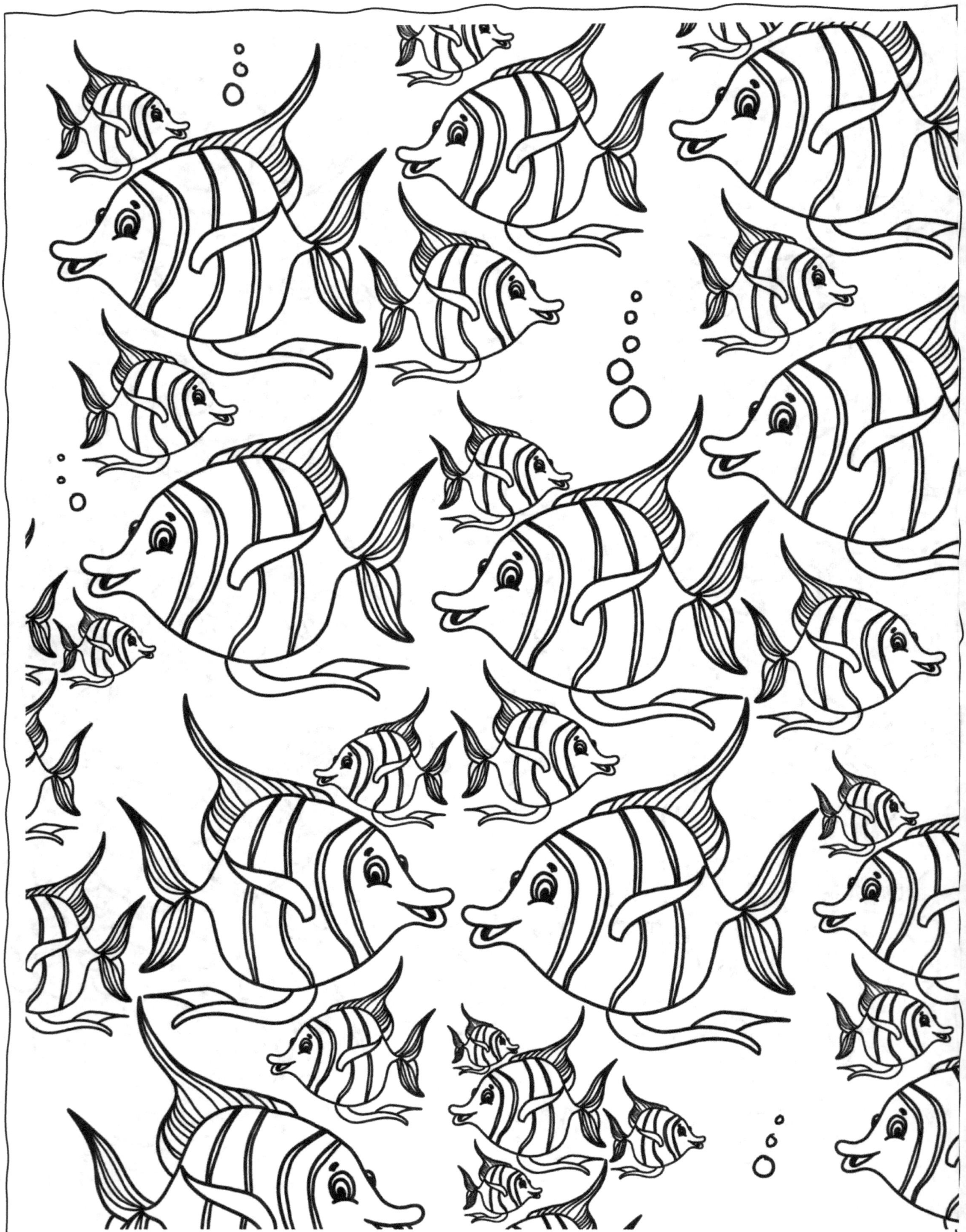

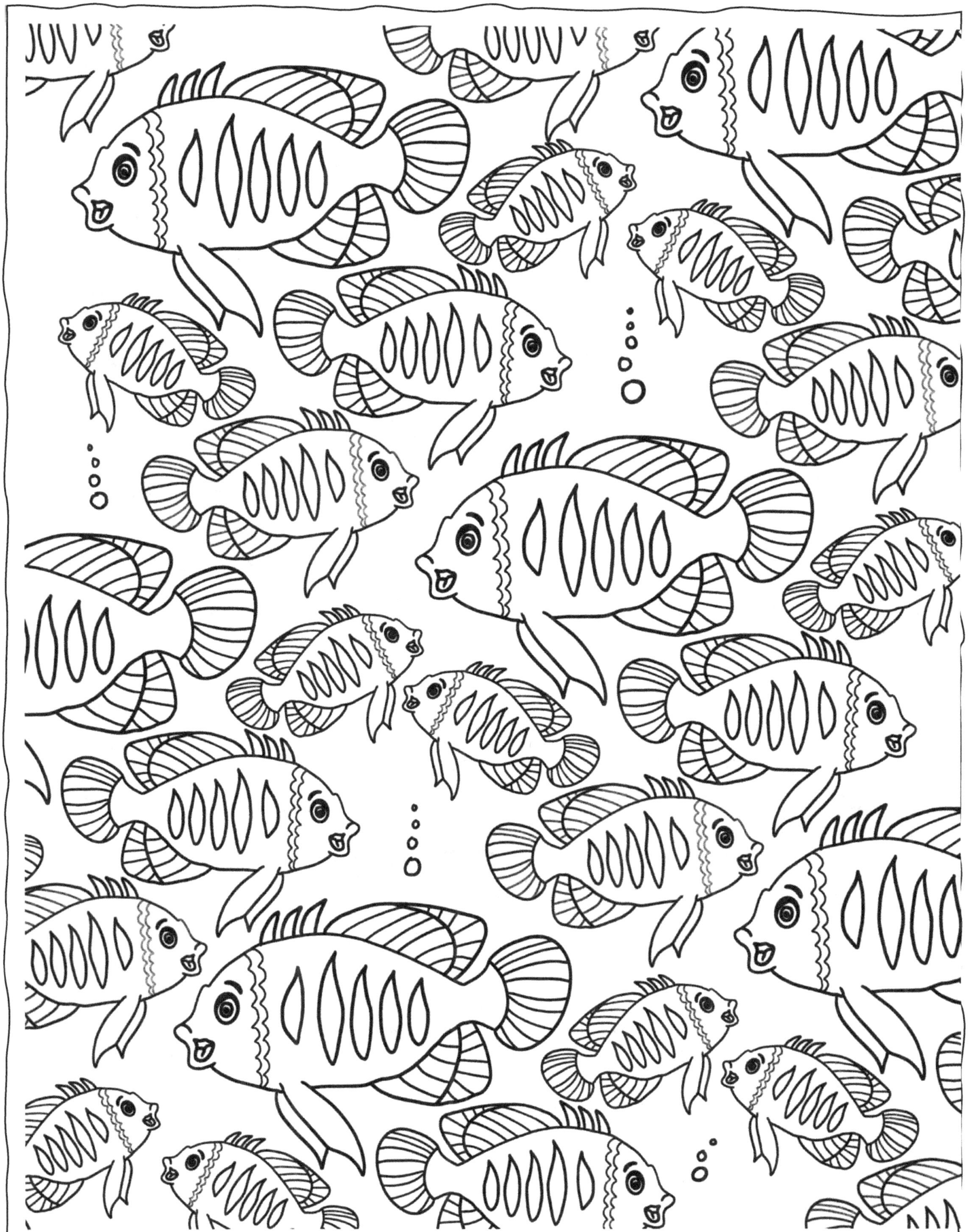

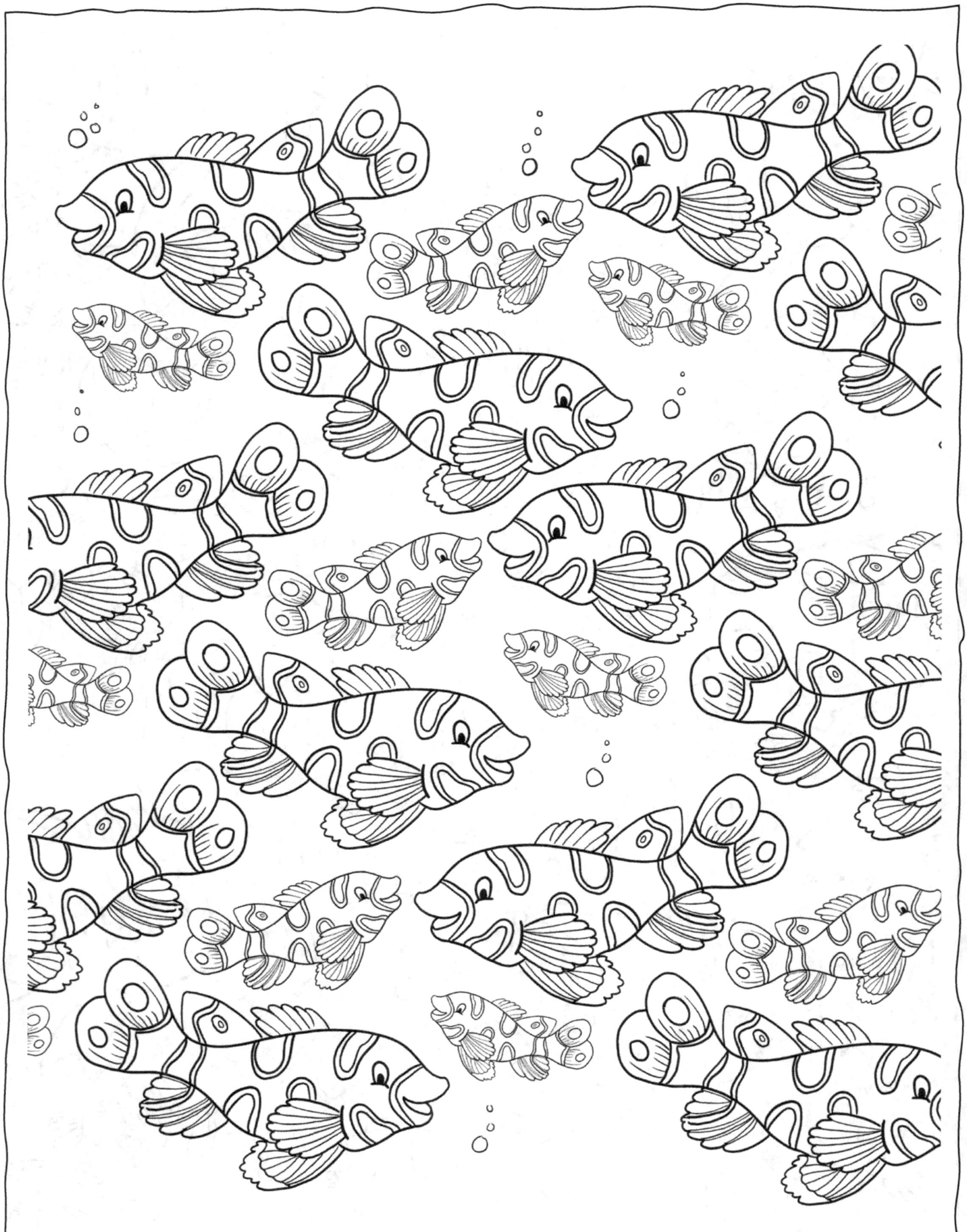

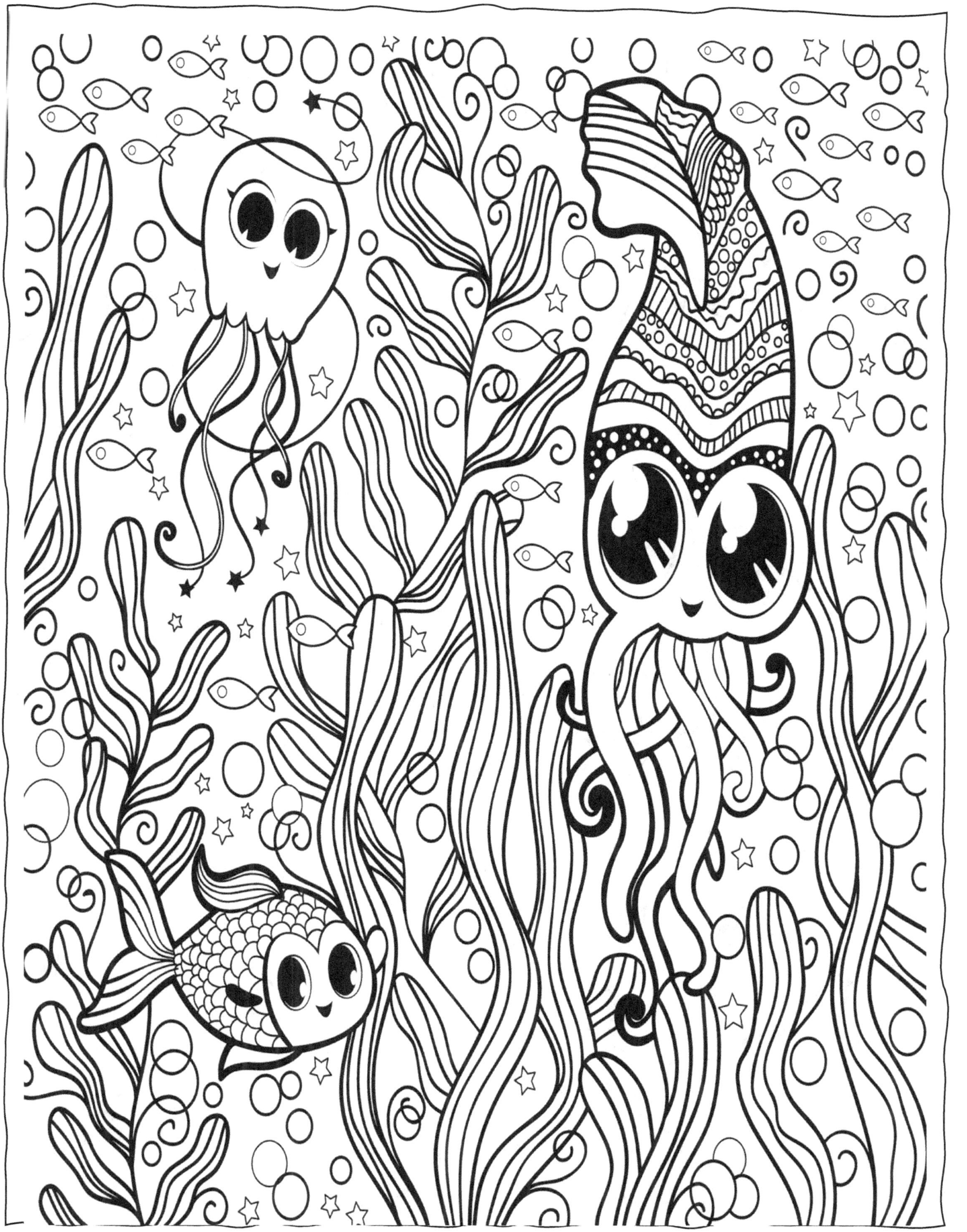

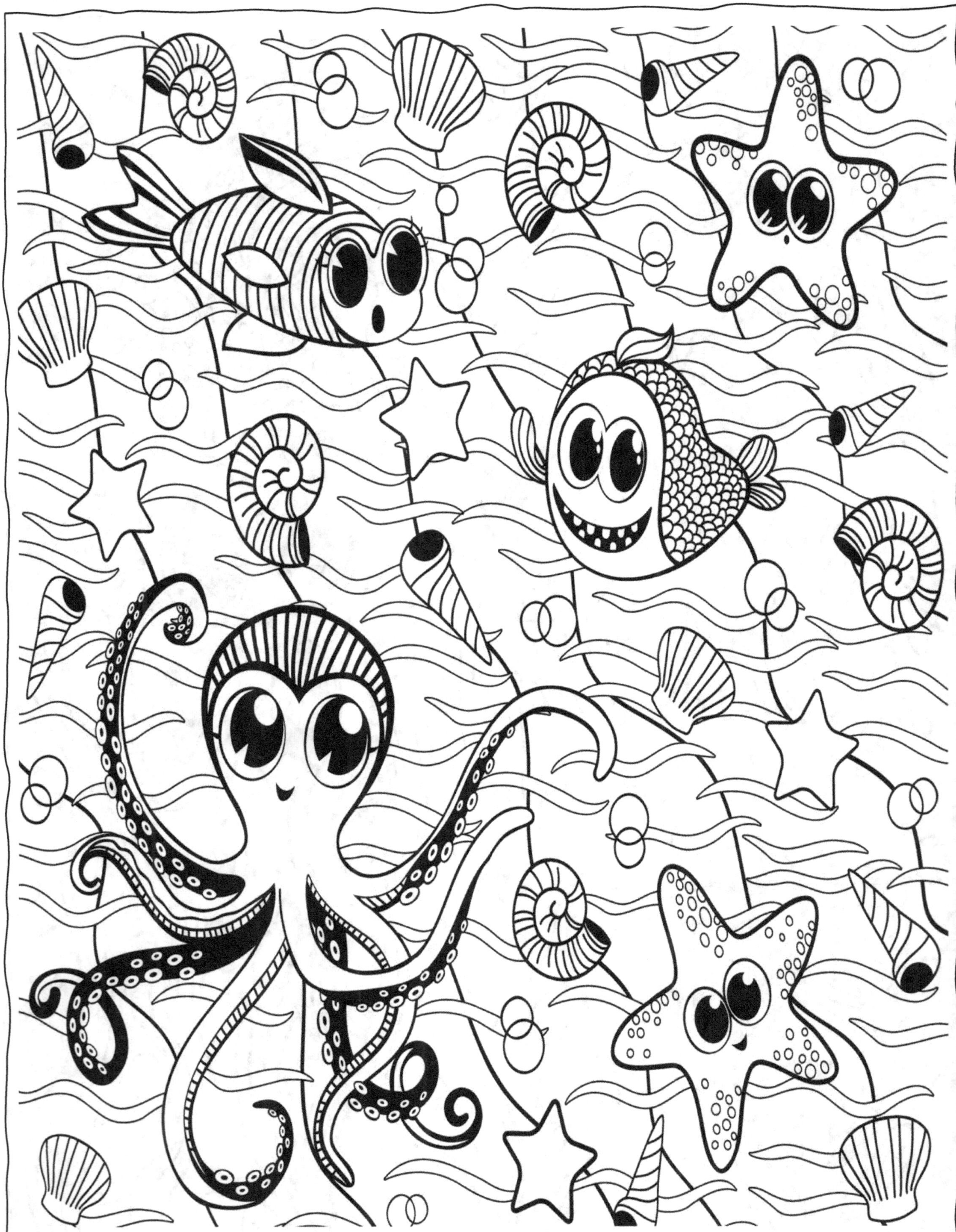

www.ingramcontent.com/pod-product-compliance
Lightning Source LLC
Chambersburg PA
CBHW080910220526
45466CB00011BA/3530
* 9 7 9 8 5 8 8 0 7 4 6 0 5 *